JN204482

奇跡の集落

廃村寸前「限界集落」からの再生

多田朋孔
NPO法人地域おこし
著

農文協

はじめに

本書は少子高齢化と過疎化の進む地域で外部との交流人口を増やし、移住者を呼び込みながら、行政・地域住民・よそ者がそれぞれに連携して地域おこしを進めていくための参考になるものとして書きました。

第1部は実話編として、私の住む新潟県十日町市の池谷(いけたに)集落が6世帯13名という廃村寸前の限界集落から11世帯23名にまで盛り返し、限界集落から脱却していく過程を詳しく掘り下げてご紹介します。実際の例を住んでいる地域住民の視点から深くご紹介することで、リアルな農山村の実態をお伝えするとともに、限界集落になぜ外から移住者が来るようになり、復活していったのかをストーリーとして知っていただくことができます。

私自身は2009年5月にこの池谷集落を初めて訪れ、2010年2月に地域おこし協力隊として家族を連れて移住してきましたので、それ以前の内容については、NPO法人地域おこし（当時はNPO法人十日町市地域おこし実行委員会）の取り組みのなかで中越大震災10周年記念事業で冊子をまとめた際に、関係者へ聞き取りして整理した内容をもとに書いています。

第2部はノウハウ編として、限界集落が再生していく際のポイントを整理しました。ポイントは抽象化して他の地域でも応用できるようにまとめてみました。いわゆる全国各地の表面的な成功事例を並べるというものではなく、池谷での経験をもとにして、人と人との関わり方や多くの関係者をどのように巻き込むのかといったポイントを整理し、どこの地域でも応用ができるようにと考えて書きました。ポイント整理の部分では、抽象化したポイントの具体例として、第1部の実話編に出てきたことを対応させてイメージを持ってもらいやすい形にしました。これにより、ご自身の地域でもどういうポイントに注意して物事を進めるとよいのかがより考えやすくなればと思います。

ノウハウ編のポイント整理では、地域おこしの分野で多くの地域の現場に入り込んで研究している明治大学の小田切徳美先生や、震災復興からの地域おこしの現場で数多くの支援を行ってきた中越防災安全推進機構の稲垣文彦さんが体系的にまとめた地域おこしにおけるポイントと、私が都会で経営コンサルタントや組織開発のコーディネーターとして仕事をしていたときに学んだノウハウを活用したものが盛り込まれています（小田切先生、稲垣さんには本書に寄稿もいただいています）。ですので、私の独りよがりなものではなく、きちんとした研究にも裏打ちされたものだと言えます。ぜひ、立場の異なる人がたくさん関わる際に前向きに物事を進めていくために重要なポイントとして、様々な地域でご活用いただきたいと考えています。

本書を一つの参考として、全国各地の現場で地域おこしの取り組みが前進していくことを願っています。

多田朋孔

目次

第1部【実話編】

廃村寸前のむらが限界集落から脱却するまで

ここでは、新潟県十日町市の山間部にある雪深い集落が、
中越地震で大きな被害を受けながら、廃村の危機を乗り越え、
都会から来たボランティアや移住者と共に
地域おこしを進めてきた経緯を再現します。

プロローグ — にぎやかだったむら

池谷（いけたに）・入山（いりやま）集落は、新潟県十日町市の北東部にある飛渡（とびたり）地区と呼ばれる地区の中にあります。飛渡地区は魚沼市と南魚沼市に隣接しており、十日町市の北東の玄関口とも言えます。池谷集落は標高約300mの山沿いにあり、冬には多い年は3～4mもの雪が積もる雪国で自然豊かな場所です。現在では道路が整備されているため、十日町の中心部まで車で約15～20分でたどり着くことができます。また、道路除雪の体制も整っており、インターネット環境も整備されているため、雪国の山奥ではありますが、車とパソコンやスマホなどインターネット接続機器があれば意外と不

便さを感じません。農村の状況は一昔前とはまったく違った環境にあると実感しています。

１９６０（昭和35）年には、池谷集落に37世帯２１１名の住民が住んでいました。入山集落の世帯数は15世帯ありました。池谷集落と入山集落は隣同士の集落で、当時は学校も池谷分校で一緒、また、消防団も同じ班だったり、地区民運動会でも合同チームということで大変近しい存在だったと聞きます。夏には集落の神社で夏祭りをし、芝居をしたり屋台が出たりとてもにぎやかだったそうです。池谷集落で産まれ育った曽根イミ子さん（屋号[*1]：津倉）は当時をこう振り返ります。

「昔はどのうちも子どもが多かったから、小さい頃は兄弟たちと遊んでばかりだった。だから他の家のことはあまりよく知らなかった。冬になると、高学年生は親に叩いて柔らかくしてもらったワラを持って仲間のところに行って、縄をなったり、ぞうりをつくったりしたね。かっこよくできるとうれしくて自慢したり、３時のお茶にサツマイモやつけ菜（野沢菜漬け）、タクワンを食べるのが、唯一の楽しみの時間だったね」

池谷集落の中でも山頂に近い場所にある飛渡第一小学校池谷分校（以下、池谷分校）には、池谷集落と入山集落から子どもが通っていました。池谷分校に残る本棚の裏には、「昭和24年小学校卒業記念・贈池谷校」と書かれており、９名の卒業生の名前が連なっています。それだけを見ても当時は子どもが多かったことがうかがい知れます。

集落の人数は多かったのですが、封建的な仕組みが色濃く残るむらでもありました。池谷集落

向かい側の山から池谷集落をのぞむ

のむらの役は「主立ち（おもだ）」と呼ばれる7軒の旦那衆だけで回されており、集落のことは彼らがすべて決め、他の階層の人たちは意見を言うことができませんでした。そんななか、戦後、池谷分校に赴任し、教鞭をとった惣山欣一先生は、とても進んだ考え方を持っていて、それまでの封建的な体制を改革する動きをとりました。学校で児童に働きかけただけでなく、青年団を通じてむらを変えようとし、それが功を奏して徐々に民主化が進みました。当時惣山先生から教わった児童が今80代になっており、池谷集落に最後まで残ってむらを守っている世代なのです。これが、池谷集落が早い段階でまとまりがよくなり、また外部の移住者に対して開かれ、受け入れてきた一つの素地になっているのだと私は思います。

戦後のはじめ、池谷集落では田んぼと養蚕（ようさん）と林業が生業として取り組まれていました。やがて養蚕は徐々に葉タバコに転換していき、冬は男衆は出稼ぎに出るようになりました。なかでも池谷集落の人たちは長野県の寒天工場に出稼ぎに行く人が多く、現在むらに残っている高齢世帯は皆、寒天工場での出稼ぎを経験しています。一方、女衆は主に機織りの内職をしていました。

高度経済成長期に入ると、木材の輸入自由化などの影響で山の木の価値が下がり、収入のよい仕事を求めて集落を離れていく人が増えてきました。国道から集落までつなぐ道路が整備されると、皮肉なことにより多くの世帯が集落を離れる結果になりました。住民は「引っ越し道路」と呼んだそうです。集落に残る人も収入を得るために、外に働きに出て、兼業で田んぼを耕作するようになりました。

1968（昭和 43）年頃の池谷分校

池谷分校に残る卒業記念の本棚。惣山欣一先生のほか、現在、池谷集落に住む曽根藤一郎さん（屋号：橋場）の名前も見える

池谷集落では曽根武さん（屋号：津倉）が中心となり、圃場整備事業にも取り組んでいました。そのため、山間地の田んぼにしては一区画あたりの面積が広い田んぼができていました。そして、集落に残った少ない戸数に田んぼが集約されたことで、池谷集落の田んぼは他の集落に比べて一人当たりの耕作面積は比較的広かったようです（私が池谷集落に移住した２０１０年の時点では、池谷集落の方々の耕作面積は1世帯平均1町歩を超えていました）。

池谷分校は１９８４（昭和59）年に児童３名となり、ついに休校になりました。休校後も冬季分校として利用されていましたが、それも１９８６年には休校。事実上の閉校となりました。

入山集落は１９８９（平成元）年に廃村となりました。ＮＰＯ法人地域おこしの代表理事である山本浩史さんも33歳の時に入山を降りて、十日町市内でも平場（ひらば）の太子堂という集落に引っ越しました。

池谷集落は中越地震直前には住民は8世帯22名となり、盆踊りなどの行事もなくなり、すっかり昔のにぎやかさは消えてしまい、いわゆる「限界集落[*2]」と呼ばれる状態となってしまいました。

＊1　屋号は農村集落の家を呼ぶ通称。もともと池谷集落には「曽根」姓が多く、相互に区別するために、その家の成員（嫁を含む）を屋号で呼ぶならわしがある。屋号の由来についいては当人もはっきり認識していない場合が多い。

＊2　限界集落とは、過疎化などで人口の50％以上が65歳以上の高齢者になり、冠婚葬祭など社会的共同生活の維持が困難になっている集落を指す。

第1章　地震でむらが変わった

中越地震前夜

入山集落出身の山本浩史さんは、太子堂の住まいから入山の田んぼまで通いながら耕作を続けていました。平日の昼間は生コンのミキサー車の運転手として会社勤めをしながらの兼業農家でした。山本さんは元々自分の住んでいた家のあったところに新たに山小屋を建てて、通い耕作の拠点として活用し始めていました。

2000年のある日、山本さんのお父さんの謂永(ゆうえい)さんが入っていた農民連の紹介で日本画家の稲田善樹さんから、「山本さんの山小屋を借りて滞在し、美しい農村の風景とそれを支える人々を描きたい」という話が舞い込みました。最初は山本さんとしては「まだ建てたばかりで真新しく、自分もほとんど使ってない山小屋を貸すのはどうか?」とも思いました。ですが、稲田さんから届いた手紙から「絵を通じて農村を応援したい」という思いが伝わってきて、日展に2回入選した実績があるとの内容を読んで、悪い人ではなさそうだと考え、稲田さんを山小屋に迎え入れることにしました。

山本さんは稲田さんとたちまち意気投合し、事あるごとに「なんで農村から人がいなくなってしまったのか?」「この状況をなんとかできないか?」とお酒を飲みながら語り合っていました。

山本さんは市内にある山岳会に参加していましたが、10年近く続けてきた町内の家族登山の仲間たちにも稲田さんを引き合わせ、稲田さんもこういったメンバーに打ちとけて仲良く生活していました。稲田さんは過疎化する農村の実態を目の当たりにして、何か自分にできることをしたいと考えました。アトリエのある入山を農村と都市との交流の場にしようと思い、日本人だけでなく、モンゴル人、韓国人、ボスニア人と、知り得るかぎりの友人・知人に呼びかけました。また、稲田さんのつながりで都会から人を呼び込んだり、モンゴルからホームステイを公的機関としてではなく個人として受け入れたり、翌年には逆にモンゴルに皆で訪ねたりもしました。

そのような経験を通して山本さんは、都会から農村に人を呼び込むのはそう難しいことではないというイメージを強く持つようになりました。稲田さんとの間では、「池谷分校は市の所有物なので、借りようと思えばタダで借りられる可能性はある」とか、「芸術家のタマゴに声をかけて呼び込んで池谷分校に住んでもらおう」などと具体的なアイデアを出し合っていました。そして、「都会と農村は無関係ではない、都会の人は農村から食べものが供給されるからこそ生きていける。だが今の食料自給率では海外から食べ物が入ってこなくなったとしたら、立ち行かなくなるのは明白だ。都会の人にも農村にどんどん来てもらって農村の現状を知ってもらい、一緒になって取り組むことが必要だ」と話は盛り上がっていったのです。

ただ、皆の前で飲んでいてこのような話になると、山本さんと稲田さん以外の人からは「また難しい話が始まった……」という冷めた反応が返ってきて、二人の考え方は地域の中ではかなり先進的と見られていたようです。

むらはもうダメかもしれない

2004年10月23日17時56分、マグニチュード6・8の大地震が中越地域を襲いました。十日町市は最大震度6強を観測しました。新潟県は、この地震を「新潟県中越大震災」と命名しました。

今まで経験したことのない突き上げるような揺れに、池谷集落の人たちは驚いて家から飛び出しました。大きな揺れは2度、3度と続きました。家の中はあらゆるものが足の踏み場もないほどひっくり返り、大きな余震も続き、とても怖くて家に入れる状況ではありませんでした。やむをえずその夜は広い道に車を一列に停め、車中で過ごしました。寒く、月がくっきり見えた夜でした。

一晩明けると地域の消防団が見回りにやってきました。「避難指示」が発令されたとのことだったので、飛渡第一小学校の体育館に全員で避難しました。体育館には近隣集落の人たちも集まり、約２００人が避難生活を強いられることになりました。

余震も多く、先がわからない不安のなか、池谷集落の人たちはひとまとまりになって過ごしました。「落ち込んでいたって仕方がない」と酒を飲んで宴会をした夜もありました。さすがにこ

飛渡第一小学校体育館での避難の様子

中越地震で崩れ落ちた神社の鳥居

ひび割れた道路

れは人に咎められましたが、池谷集落の結束力の強さが表れたエピソードではないでしょうか。

1週間ほどの避難所生活を終え池谷集落に帰ると、そこには崩れ落ちた鳥居やひび割れた道路、そして、苦労の末に基盤整備をしたばかりの田んぼがめちゃくちゃになってしまった光景がありました。集落の人たちはこの衝撃に「もう集落をたたみ、平場におりようか」と話し合いました。

しかし、国の災害復旧事業や中越大震災復興基金（以下、復興基金）などを活用することで復旧の見通しが立つことが徐々にわかり、集落にとどまって復旧を目指すことになりました。

ただ、地震をきっかけに2世帯が集落を離れてしまい、池谷集落は最も少なくなったときで6世帯13名にまで住民が減少し、過疎化にいっそう拍車がかかってしまいました。

ボランティアってなんだ？

山本さんの山小屋を借りて住んでいた稲田さんも中越地震で被災し、かねてから縁があったNPO法人JEN（以下、ジェン。東京都新宿区）に支援を要請していました。

ジェンは世界各地で紛争や自然災害による被災民や難民を支援しているNPOです。中越地震の緊急支援では、その経験を活かし、十日町市と川口町田麦山でのボランティアセンター支援を行いました。

震災から3週間後、稲田さんの強い要請で、ジェンの木山啓子事務局長が入山集落に駆けつけてくれました。崩れてしまった山本さんの田んぼを前に「ジェンとしてどんなことができるかわかりませんが、やれるだけのことをやってみましょう」と約束してくれました。

このときの様子を稲田さんに詳しく聞かせていただきました。

「地震前に深いつながりのあったジェンとの関係と取り組みが決定的です。災害と同時にジェンや友人、知人から私の安否を気遣うメールが寄せられてきましたが、メールを確認できたのは1週間過ぎてからです。私はすべての友人・知人に地震のレポートを毎日発信し続けました。返信されてくるメールにもすべて答えながら、被災地は何を要求しているかメールし続けました。

ジェンからはこれから緊急支援に入りたいが何を持っていけばいいかと問うので、私は『あなたの体だけでいい。1日も早くきてほしい』と答えて、翌日木山さんがきたので、十日町市の行政責任者に引き合わせたのです。ジェンは世界の紛争や災害地域で危険を冒しながら緊急支援を行ってきた経験があり、復興支援にも大きな業績と経験を持っている組織です。その経験を十日町で活かすことができるように、町の中に無償で事務所になる空き店舗を提供してほしいと交渉したのです。それらがすべて実現して、ジェンは積極的な活動を展開しました。

しかし、その緊急支援は12月ですべて打ち切りとなり、すべての組織も引き上げることになったのです。ジェンの責任者の木山さんが挨拶に来て、引き上げることを告げました。私のアトリエも見たいというので、私と（山本）浩史さんは木山さんを入山に案内し、同時に浩史さんの崩れた田んぼを見せたのです。これが決定的な転換点になりました。

この田んぼは浩史さんの父の謂永さんさんがシベリアの強制労働から解放され、やせ細った体で心血を注いでつくり、整備した田んぼだということ。この田んぼを謂永さんはえらく気にかけていたけど、浩史さんは謂永さんをがっかりさせないために、『危ないから入山に入るな』と見せないようにしていたこと。謂永さんは浩史さんに内緒で私と一緒に田んぼを見に行き、被害の深刻さに言葉もなく茫然としてショックを受けていたこと。そして後日『もう田んぼはあきらめていい。今までよく頑張った』と浩史に言ったと、私に涙をためて語ってくれたこと……。

その経緯を木山さんに全部語りました。そのとき、私も浩史さんも木山さんも、胸からこみ上げてくるものを抑えることができませんでした。

私はさらにこう付け加えました。『支援者は12月で区切りだと言って全部引き上げていくけど、この雪国で地震で地盤がゆるんだうえに4mもの雪が降れば、さらに深刻な事態になりかねない。農道を確保することが先決問題であり、住居の雪下ろしなどもこの過疎地では大変な作業だ。この冬をどう乗り越えるかが死活問題になる。支援すべき課題はある』と。木山さんは『わかりました。検討させてください。理事会で相談してみます』と言って帰ったのです。この問いかけにジェンが正面から答えたのがすべての始まりです」

明けて2005年1～3月は例年以上の大雪でもあり、震災でダメージを受けている住宅の雪下ろしはできるだけ早めにとの行政指導がありました。そんなこともあり、ジェンは除雪ボランティア（イベント名「スノーバスターズ」）を募集し、山本さんが住む太子堂の集会所を拠点として借り受けました。除雪ボランティアは3回行われ、93名もの参加がありました。しかも、参加したボランティアからのアンケートの回答では、「今後も年間を通じてボランティアに来たい」という回答が多く寄せられたのです。

スノーバスターズ終了後、ジェンから二つの提案と依頼がありました。一つ目は、ボランティア受け入れの核となる団体を立ち上げること、二つ目はボランティアが自活できる拠点を探すことでした。

そこで、山本さんは故郷である入山集落の隣集落、池谷集落でボランティア活動ができないかと考えました。池谷集落の人たちのことは子どもの頃からよく知っており、前述のとおり、震災以前から稲田さんとも「閉校になってしまった池谷分校で何かできないか」とよく議論していました。そこで、木山事務局長にも来てもらい、池谷集落の人たちを集め、説明会を行いました。

山本さんから話を聞いた集落の人たちがまず思ったのは、「ボランティアってなんだ？ 1日にいくら払えばいいんだ？」ということでした。集落の人たちのほとんどはボランティアを見たことも聞いたこともなかったからです。しかし、集落の人のなかには、震災直後に十日町市のボランティアセンターから派遣されたボランティアに農作業を手伝ってもらった人もいました。ま

ジェンの除雪ボランティア「スノーバスターズ」

た、昔なじみの山本さんが言うことでもあるため、「むらのためにもなるみたいだし、ダメだったら帰ってもらえばいいんだから、受け入れてみるか」と話がまとまりました。ただ、池谷の人たちから山本さんは「迷惑はかけるな。もしそうなったら浩史、お前責任を取れよ」と念を押されました。

こうして山本さんは自らが代表になり、「十日町市地域おこし実行委員会」を立ち上げ、集落の人たちも全員名前を連ねました。

団体の名前を「池谷・入山」ではなく「十日町市」にした理由は、「自分たちの集落だけでなく周辺地区ひいては十日町市全体の地域おこしも考えていこう。そしてその情報を全国に発信し日本を変えるような運動にしたい」という山本さんたちの思い入れがあったためです。

ただ、実はこの「自分たちの集落だけでなく」という部分では、関係者間の認識に齟齬（そご）が生まれることもたびたびありました。たとえば、あるときに十日町市内の別の地域の団体から「ジェンにうちにも来てもらえないだろうか」という話が出た際に、ジェンの木山さんが関心を持ったのを見て、池谷のなかには「ジェンを取られるんじゃないか」という人もいました。当の山本さん自身でさえ、「ジェンがどこまで池谷・入山に力を貸してくれるのか心配になったこともある」と言います。しかし、よくよく考えるとジェンが震災復興支援に入ったそもそもの目的は、池谷・入山集落だけではなく、もっと広い視野で日本の農村問題を解決することだったことを踏まえると、ジェンが他の地域の話に関心を持つのは当然のことだったのです。

私自身も、地域おこし協力隊での活動などの場面で、この広い視野に立つということと、池谷・入山集落という足元の現場での取り組みのはざまで、関係する人から誤解を受けたこともありました。いまだに、こういう大きなテーマを持ちながら、一方で地に足のついた取り組みを両立していくことの難しさを感じていますが、一歩一歩前に進んでいるという実感があります。

話を元に戻しますが、企画段階で団体名を考えたジェンの木山事務局長、稲田さん、山本さんの間では、そんな思いから「暫定的に『十日町市地域おこし実行委員会』でいきましょう」ということになっていましたが、結局2017年3月までそのまま正式名称として使われることになりました。この団体は2012年4月にNPO法人（特定非営利活動法人）化し、「NPO法人十日町市地域おこし実行委員会」となりました。そして、2017年4月から名称を変更し、「NPO法人地域おこし」となりました。この名称変更の詳細については、また後ほど紹介します。

ボランティアがむらの雰囲気を変えた

ジェンからの依頼の二つ目は、年間を通じてボランティアを派遣したいので、拠点として寝泊まりできる施設を探してほしいということでした。

そこで山本さんは、十日町市教育委員会に出向いて池谷分校を貸してもらえるよう要請しました。池谷分校は休校以来、長年倉庫として使われており、教室から廊下までありとあらゆるものが山のように積まれていました。それでも大工さんに見立ててもらったところでは、壁や床のいたみなどはあるものの、震災の大きな被害もなく骨組みはしっかりしていて宿舎として利用できるということでした。

なんとか市役所から借用許可も得ることができましたが、問題は改修費用です。ジェンが認定NPO法人新潟NPO協会の運営する「災害ボランティア活動基金」に申請し、改修費用として約260万円を得ることができました。この資金で自炊のための台所やシャワー、ボイラーなどの水回りをはじめ、最低限の設備を備えることができ、市役所から災害対策用の寝袋を借りて、池谷分校はなんとかボランティアが寝泊まりできる施設として生まれ変わりました。

ジェンからは現地コーディネーターとして、2005年の除雪ボランティアの参加者で、復興ボランティアへの参加を真っ先に申し出てくれた今村安さんが池谷集落に派遣されました。今村さんは、2005年4月から2006年3月まで池谷分校に住み込んでボランティアの調整を行いました（2006年厳冬季は分校に宿泊が難しく一時帰宅）。

今村さんはまず、ボランティアがどういった手伝いができるかを聞いて回りました。最初のボランティアは池谷分校の片付け。第2回からは集落の道普請の手伝いや夏の草刈りなど農作業を中心に手伝いました。集落の人のなかには、最初は「素人に刈り払い機なんて使えない、無理だろう」「ボランティアなんて続かないだろう」と思っていた人もいましたが、5月から10月の間に合計9回のボランティア派遣が行われ、参加者は各回15～20名にのぼりました。

ボランティアは毎回2泊3日（金曜夜集合、日曜昼解散）で、土曜日の夜には集落の人たちとの交流会も行われました。交流会は集落の人に負担をかけないようにとの配慮から、ボランティアの参加者が飲み物やおつまみを準備して住民を招きました。毎回必ず自己紹介を行い、集落の人たちとボランティアとの交流を大事にしました。後片付けもボランティアがやります。このボランティアが集落の人たちをもてなすという仕組みは集落の高齢者に歓迎され、イベントでの交流会が長く継続してきた要因の一つとも言えます。

またスノーバスターズも、前年に引き続き行われました。２００６年には中条上原集落にできた被災者向け仮設住宅団地の1室を、十日町市社会福祉協議会から借り受け、3回行いました。この頃から池谷集落にも雪下ろしにボランティアが入るようになりました。

道普請を手伝うボランティア

側溝の泥上げ

池谷分校の活用に際しては、十日町市役所の教育委員会が窓口になっていましたが、最初のうちはなかなか話をしていても埒があかないようなことも多く、行政とのやり取りの大変さを山本さんは感じていました。しかし、2006年11月1～2日に長岡で開催された「地域づくり全国交流会議長岡大会」で山本さんが事例発表とパネルディスカッションで登壇することになり、その依頼文書を当時の教育委員会の課長に見せたところ、「この書類はコピーしてもいいですか？市長に見せます」という反応がありました。山本さんは「これはコピーなのでそのまま持って行っていいですよ」と返したのですが、大きな会で登壇するようになったことを機に市役所の対応ががらっと変わったと言います。

翌年2007年からは池谷分校に宿泊してスノーバスターズを行うことになりました。灯油ストーブや寝袋をたくさん用意し、電気毛布を備えるなどの工夫もして寒さ対策を講じました。それにしても3～4mもの積雪になる真冬にボランティアが池谷に宿泊するという展開になるとは、当初考えも及ばなかったことでした。

夏に訪れると冬の状況が知りたくなり、逆に冬訪れると夏を見たくなる、そうして一年中都会の人が訪れるようになってきたと言えます。

また、NPO法人中越防災フロンティアが主催する「越後雪かき道場」も2008年から池谷集落で始まりました。「越後雪かき道場」のコンセプトは、「何か手助けがしたい」というボランティアの申し出に地域が応えきれず、その力を活かしきれないでいる状況を変えるため、雪と共に暮らし生きてきた人々の「雪かき」の技術を伝えようというものです。これは池谷集落で行ってきたスノーバスターズと重なるものでもありました。スノーダンプやスコップの使い方が未熟で、しかも屋根の上での作業での事故にボランティア保険が適用されないという状況では、まさに雪かき技術の研修は必要なことでした。

「雪かき道場」を知った山本さんはさっそく長野県飯山市でのこの年最後の回に参加して自ら道場を体験し、主催者の長岡技術科学大学の上村靖司教授に翌年の池谷での開催を要請し、実現しました。以来、2017年まで池谷で「越後雪かき道場」が開催され、スノーバスターズと併せて、冬の都市農村交流ツールとして重要な位置を占めることになりました。

こうして、池谷集落には1年を通して多くのボランティアが訪れるようになりました。

「若い人たちがたくさん来てくれて、気持ちが若返った」
「むらの空気が変わった」
と、集落の人たちは語ります。

参加者も「むらの人から元気をもらった」と大いに喜び、何度も池谷集落を訪れるリピーターもたくさん生まれました。

道路の草刈り

むらの宝を探そう

2005年9月、新潟NPO協会の金子洋二さん、中越復興市民会議の長崎忍さん、阿部巧さんが池谷集落の今後の活動をどうしていくかを相談するため池谷集落を訪れました。中越復興市民会議は、中越地震の復興支援を目的として2005年に立ち上がった中間支援組織です。長崎さんが旧小国町法末集落で行った、地元の人とボランティアとが集落を歩き、集落の宝を探す「宝探し」の活動について話をすると、ぜひ池谷集落でも行ってみようということになりました。また「宝探し」だけではなく、1年間の活動の区切りとして、ボランティアの人たちとじっくりと交流するために「収穫祭」をセットで行うことにしました。

「宝探し&収穫祭」を持ちかけた長崎さんは、こう振り返ります。

「当時はまだ震災のショックから立ち直り始めてきた頃で、どこかで浮上できるきっかけができたらと思いました。収穫祭の準備をすることで、その間は地震のことを忘れることができる。お祭りのような感覚で取り組めます。収穫祭とセットで宝探しを行うことで、外の視点から集落を多くの人に見てもらうこともできます。

市民会議はあくまでもサポートする立場。復興の主役である地元の人がどんな反応をするのか、誰が主役になるのかを探す場でもありました。また、こういうイベントを行うことで行政やマスコミ、他地域の同様の立場の人に来てもらうことができました。私たちとしても、どこか（復興の）先頭を走ってくれるところがほしい時期でもありました」

11月の収穫祭には、多くのボランティアや地元の方など約50名が参加し、十数名の池谷集落では珍しくにぎやかで活気のある集まりになりました。複数のグループに分かれ、集落の人たちの案内で池谷集落と入山集落を散策し、発見した「集落の宝」を模造紙にまとめました。棚田や湧き水、ブナ林、農作物、山ナシ・ムカゴ・山菜などの山の幸、集落に伝わる民話……。「むらに宝物なんてないよ」と否定的だった集落の人たちも、自分たちにとっては当たり前のそうした一つひとつのモノやコトが、地域外から来た人から見れば宝物であることに気づかされました。

「地域の人々が何よりの宝物です」地域外から来たボランティアの一人が発表すると、「オラたちにとって、こうやって来てくれる皆さんが宝物です」と集落の人たちは返しました。それまで

「宝探し」で集落を散策する参加者たち

発見した「宝」を模造紙に書き込む

のボランティアの受け入れを通じて、両者にいい関係が築かれてきたことが鮮明になった場面でした。

むらをなくしたくないんだ

「宝探し」の翌日、集落の人たちを中心に、今後「宝探し」の結果をどう集落の取り組みに活かしていくかの話し合いが行われました。長崎さんは、集落の人たちの表情や視線に本気度を感じました。

話し合いの出発点は集落の将来への不安でした。十日町市地域おこし実行委員会の代表として、ジェンと池谷集落の橋渡しをしていた山本さんは当時の心境をこう語ります。

「正直なところ、今後集落としてどうしたらいいか非常に不安でした。地震からの復興としてたくさんの人がボランティアに来てはくれたが、今後継続していけるかは自信がなかった。収穫祭の取材に来ていたある新聞記者に『10年後の池谷集落への想いを語ってほしい』と質問されたが、10年後どころか来年もまたボランティアが来てくれるかさえ自信が持てず、まったく答えることができなかった。」

集落の人たちからも「10年後この集落が残れるか心配」「農業を継いでくれる人がいない」と不安の声が上がりました。宝探しで集落に自信を持つことができたものの、集落の存続に対して不安は尽きませんでした。

話し合いの結果、今後の集落の主な取り組みとして、活動を継続できる人材を探すこと、分校や空き家を改修して地域おこしの拠点とすること、収穫祭を毎年定期的に行うこと、売りものになるものをつくる方向でまとまりました。

収穫祭を機に、集落の人たちは集落の存続に対して前向きに考えるようになりました。長崎さんは月1回ほどのペースで精力的に池谷に通ってきて、話し合いをリードし、様々な提案をしてくれました。先進地域の方に来ていただき勉強会を行ったり、宝探しの結果をもとに集落の宝探しマップ（36〜37頁）を作成したりもしました。宝探しマップは2006年5月に完成し、集落の人たちやボランティアの参加者など各方面に配布され、大変好評でした。

2年目となるボランティアの受け入れと並行して、集落の人たちは今後の取り組みについて話し合いを重ねました。長崎さんの「皆さん池谷をどうしたいですか?」とのたび重なる問いに、長い沈黙の後、ぽつりと、

「本当は、このむらをなくしたくないんだ……」と一人の口から本音がこぼれました。

それまでは「自分たちの代でむらはなくなってしまう」というのが暗黙の了解で、集落の存続についての話題は集落の人たちにとって触れてはいけないタブーのような存在でした。

しかし一人がこう言うと、

「そうなんだ、本当は集落を存続させたいんだ」

「よその人でもいいので集落を継いでくれる人に来てもらいたいんだ」と、堰(せき)を切ったように皆口々に集落存続への思いを話し出しました。

この出来事で、池谷集落の目標ははっきりと「むらを絶やさない」ということとして共有されたのです。そのためにまず「にぎやかなむら」を目指すこととしました。2006年11月から3年間、中越大震災復興基金の被災者生活支援対策事業（地域コミュニティ再建）を申請し、集落の入り口の案内看板の設置やイベントを行いました。集落の人たちは何度も集まっては、先進地の勉強をし、ビジョンを練り、今後の取り組みについて話し合いました。

池谷集落は住民が少ないですが、そのことでかえって住民全員が同じ目標を共有しやすく、集落一丸となって活動に取り組めたのではないかと思います。

オラたちの米を売ろう

一方、現在も集落の大事な収益源となっている米の販売の取り組みがこの頃から始まりました。池谷集落の棚田では、山の湧き水を引いて稲を栽培しています。十日町市は「魚沼産コシヒカリ」の産地。もちろん池谷集落のコシヒカリも「魚沼産コシヒカリ」です。それまでは収穫した米はすべて農協や米穀商に出荷していましたが、なんとか集落自慢の米を直接消費者に売ることができないだろうか、と集落の人たちは考えるようになりました。直接販売をすれば、農協など

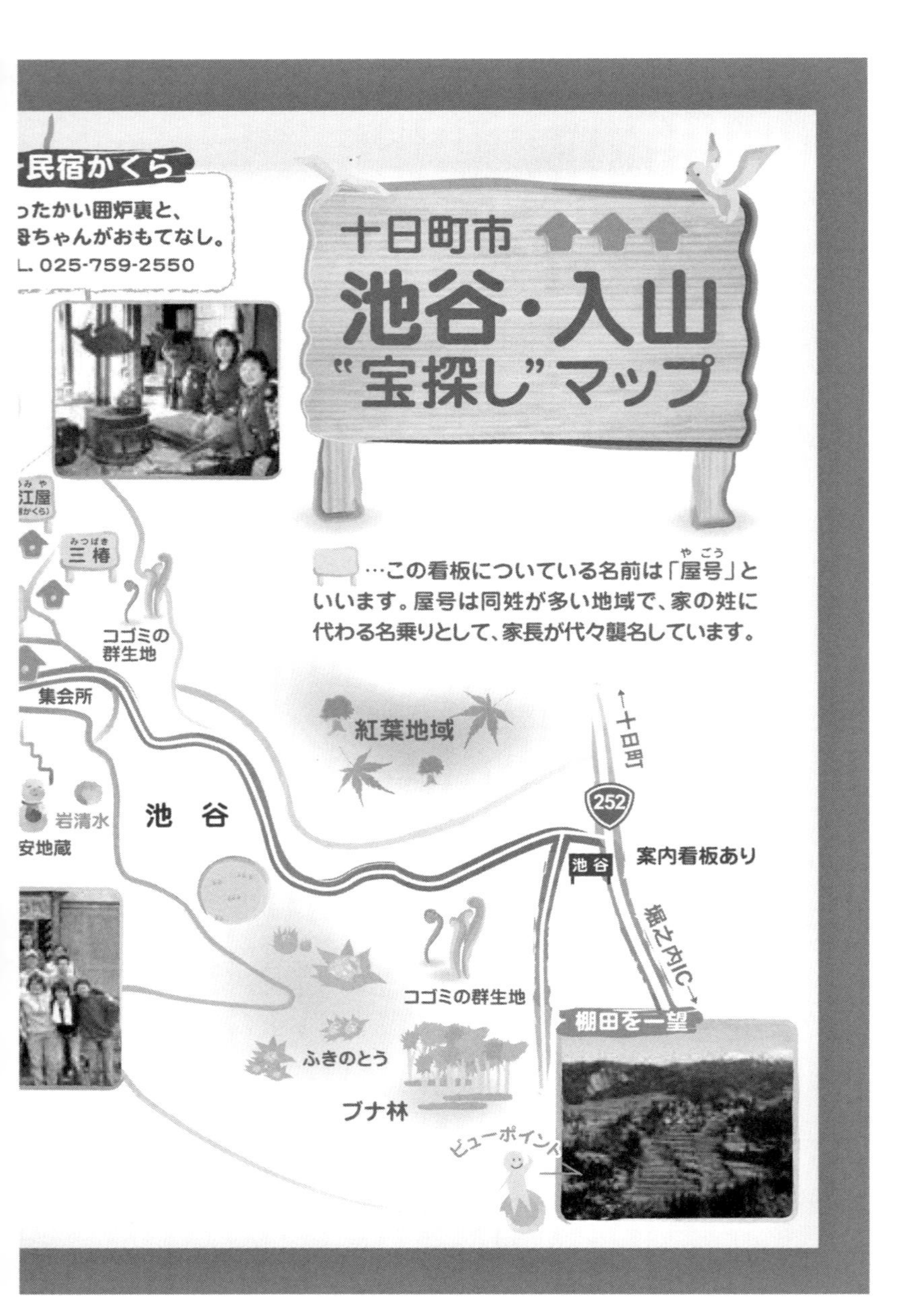

民宿かくら
ったかい囲炉裏と、
母ちゃんがおもてなし。
L. 025-759-2550
十日町市
池谷・入山
"宝探し"マップ
…この看板についている名前は「屋号」といいます。屋号は同姓が多い地域で、家の姓に代わる名乗りとして、家長が代々襲名しています。
三椿
コゴミの
群生地
集会所
紅葉地域
十日町
252
池谷
岩清水
安地蔵
池谷
案内看板あり
堀之内IC
コゴミの群生地
棚田を一望
ふきのとう
ブナ林
ビューポイント

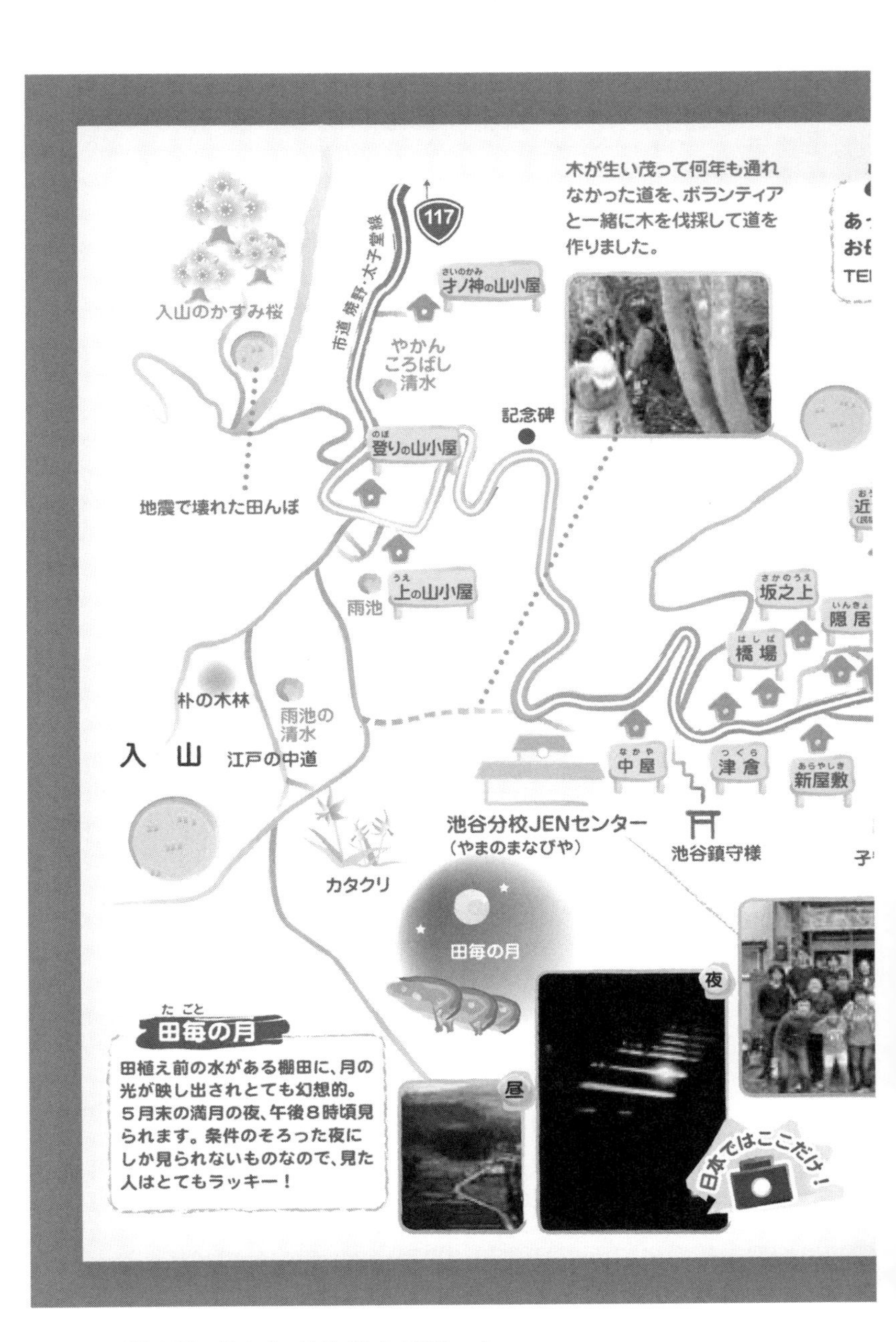
木が生い茂って何年も通れなかった道を、ボランティアと一緒に木を伐採して道を作りました。
入山のかすみ桜
117
市道 焼野・太子堂線
才ノ神の山小屋
やかん
ころばし
清水
記念碑
登りの山小屋
地震で壊れた田んぼ
上の山小屋
雨池
坂之上
隠居
橋場
朴の木林
雨池の
清水
入 山
江戸の中道
中屋
津倉
新屋敷
池谷分校JENセンター
（やまのまなびや）
池谷鎮守様
カタクリ
田毎の月
夜
昼
田毎の月
田植え前の水がある棚田に、月の光が映し出されとても幻想的。5月末の満月の夜、午後8時頃見られます。条件のそろった夜にしか見られないものなので、見た人はとてもラッキー！
日本ではここだけ！

に出荷するよりも高く米を売ることができます。

２００５年６月20日に新潟市内で行われた「棚田の楽校講座」に山本さんと稲田さんは一緒に参加しました。ＮＰＯ法人棚田ネットワーク代表の中島峰広先生（早稲田大学名誉教授）の講演を聴くためでした。ところが、このときはカーナビがついてない車に乗っていたので、会場がわからず、迷いに迷った挙句、到着したときはすでに中島先生の講演はほとんど終わっていました。けれども懇親会のときに山本さんはたまたま中島先生の隣の席になり、全員が自己紹介すると、会場に現役の農家は山本さん一人だけだったことがわかりました。そこで中島先生は山本さんに「名刺をください」と申し出たのですが、山本さんは名刺を持っておらず、あわてて紙にペンで連絡先を書いて渡しました。これが山本さんと中島先生との最初の出会いでした。

山本さんが中島先生と再会したのは、東京での中越地震支援イベントでした。池谷を支援するボランティアのなかに大塚商会の職員の方がいて、２００５年11月に歌手のＹａｅさんを招いて「Ｙａｅ新潟チャリティライブ」が大塚商会の会議室で社員向けに開催されました。そこで山本さんの米を販売したところ、あっという間に売り切れてしまいました。中島先生もその場に居合わせており、「あのときの山本さんとこんなところで会うとは……」と言われたのでした。山本さんは、このイベントが中島先生に池谷・入山集落の地域おこしの活動に関心を持ってもらえた一つのきっかけになったと言います。

続いて、11月には同社の社員向けに試験販売（３㎏入り１９５０円）をする段取りをつけてもらいました。32名が注文し、購入者のアンケートからも「おいしい」「今後も買いたい」と高評価を得ることができました。

米の直販事業は、２００６年4月から本格的に実施しました。後に「山清水米（やましみずまい）」とブランド名をつけましたが、当初は「池谷・入山の米」と呼んでいました。主な宣伝先はジェンの支援者で、ジェンのニュースレターにチラシを無料で封入してもらいました。そのおかげで、最初の年に31俵（約1・9t）を販売することができ、集落の人たちは手応えを感じました。

はじめはファクスで注文を受け、曽根武さん（屋号：津倉）が販売事務をパソコンで行っていましたが、徐々に注文数が増えてくると対応が困難になりました。２００７年から２００８年10月までは池谷分校でボランティアの調整員をしてくれた今村さんが定期的に池谷集落に訪問し、事務をこなしました。

また、当初集落には十分な精米機や石抜き機がなかったため、各生産者が割当分の米を街場のコイン精米機で精米し持ち寄り、手作業で各生産者の米を混ぜて計量し袋詰めをしていました。そのうちに購入者から異色米（カメムシの被害を受けた米）などが混入しているとの苦情を受け、人手で除去するようになりました。販売量が増えることはありがたいことでしたが、人手での細かい作業は高齢の住民にとって苦労の多い

「山清水米」の箱詰めボランティア

ものでしたし、見落としもあり、品質管理はきわめて不十分でした。この大変な作業を機械の力で解決できるようになるには、もうしばらくの時間がかかりました。

コラム

東京で働き続けることへの疑問から移住を決断

福嶋美佳

●池谷集落との出会い

私が池谷集落を初めて訪れたのは、2007年4月のこと。大学4年生のときでした。

その前年に、池谷を当時支援していたジェンでインターンをしたご縁で、池谷集落を知りました。私は大学で英語教育を学んでおり、国際協力の分野に興味があったため、大学のインターン制度を利用してジェンで1ヵ月インターンさせていただきました。東京飯田橋の事務所で事務補助などをしていると、職員の方から池谷集落の話をたびたびうかがいました。中越地震で被災した集落であること、自然も豊かでごはんもおいしく、とっても素敵な人たちがいること。そして、豊かな稲穂のなかで村人が一列に並んだ写真を見せてもらい、写っている人たちの笑顔が強く印象に残りました。

東京出身で田舎に縁がなかった私は、池谷の話を聞いて、ただなんとなく「楽しそうだな、行ってみたいな」と感じました。それで、就職活動が一段落した大学4年生の春にジェンのボランティアイベントに参加し池谷に行くことにしました。

その際の活動は、雪解け後いちばんに行う「道普請」でした。側溝の泥上げはなかなかハードな仕事で、すぐにへとへとになりました。当時70代にさしかかった村人たちは疲れ知らずで働いていて、そのたくましさに非常に驚きました。そして夜の交流会でお酒を楽しく酌み交わし、すっかり池谷集落の村人のとりこになってしまいました。

明るく社交的な村人たち、自然豊かな風景、おいしい水に食事。その一方で、当時池谷集落は6世帯13名の限界集落であったため、過疎化や農業後継者の不足といった現実も目の当たりにしました。自分に何ができるだろうか、と模索しつつ、就職までに数回池谷を訪ね農作業や除雪のお手伝いをしました。

●移住への決断

東京の求人広告会社に就職後は、仕事に慣れるのに精一杯で、しばらく池谷から足が遠ざかってしまいました。ようやく余裕が出てきた社会人2年目の秋（2009年）に、約2年ぶりに池谷を訪れることにしました。すると、池谷は大きな変化の最中にありました。

拠点の池谷分校に農業研修生の籾山旭太（あきた）さんが住んでおり、池谷の盆踊りを30年ぶりに復活させる大活躍をしていました。さらに、移住者のために空き家を改修し、翌年の冬には地域おこし協力隊として多田朋孔（ともよし）さんが赴任予定で、集落に幼い子どもがいる若い家族がやってくることに村人たちは期待を高めていました。

これから池谷集落はどんどんおもしろくなる。そう私は確信しました。そして、そのおもしろくなっていく過程を見逃したくないと強く思い、1年間月に1度池谷に通うことに決めました。

土日の休みを利用して月に1~2度、ときには友人を連れ、池谷で農作業や除雪の手伝いをしました。そうするうちに村人たちとも仲良くなり、食事をごちそうになったりお宅に泊めていただいたりしました。自然と、「移住してもらいたい」と声をかけていただけるようになり、徐々に「池谷で地域おこしの活動をしたい。池谷に住みたい」という気持ちが強くなっていきました。

ちょうど東京で働くことに疑問を持ち始めていた頃でもありました。パソコンに向かう事務仕事だったので、自分の仕事が社会のどこにどう役立っているかわからない、という漠然とした思い。そして、先輩や同期が会社を辞めていっても、別の人が仕事を引き継いだり、効率化され仕事自体がなくなったりして、会社は変わらず回っていくのを見て、自分でなくても誰でもできる仕事をこの先続けていくよりも、池谷で求められていることをし、社会のためになる活動をする方が、私に合っているのではないか、人生が豊かになるのではないか、と思うようになりました。

そんな折に、十日町市地域おこし実行委員会(当時)から、池谷分校に住み、団体の活動を手伝うことで月に5万円手当を出すので来ませんか、というお誘いを受けました。東京での安定した職を辞めることに躊躇はありましたが、ある程度貯金はあるし、まずは試しに行ってみよう、と決断。両親をなんとか説得し、2011年4月に池谷に移住しました。

偶然にも、東日本大震災が発生した3月11日が最終出社日と重なり、東京が混乱し社会が変化していく予兆のなかで、自分の決断は間違いではなかったと感じました。

●移住者として

池谷に移住後は、体験イベントの企画運営やNPO法人地域おこしの広報、事務全般を担当しています。前職での経験や、学生時代に国際交流団体で活動していた経験が大いに役立っていると感じます。私がそうであったように、田舎がない都会の方々に、池谷を自分の田舎のように思っていただくのがいちばんのやりがいです。

さらに2016年から2年間、十日町市への田舎暮らしインターンのコーディネーターを務めました。池谷集落以外にもインターン受け入れを希望する集落に、田舎暮らしを体験してみたい若い方たちをコーディネートしました。期間は1ヵ月と短いですが、初めての農作業や懐の深い地域の方々との交流など濃密な時間を過ごし、

「3年後の池谷集落」をみんなでまとめる。前列左端が筆者（福嶋美佳）

多くの学びを得て帰っていくインターン生と接するのは楽しく、私も大変刺激を受けました。

また個人的に、ブログで十日町市の情報や移住者としての体験談などを発信しています。地方への移住がライフスタイルの一つとして定着しつつある今、移住者の先輩としてこれから移住したい人や、移住して間もない人のお役に立てたらうれしいです。

●池谷は私のふるさと

移住後に知り合った地元男性と２０１３年に結婚し、現在は池谷から車で10分ほど離れた別の地域に暮らし、ＮＰＯ法人地域おこしのスタッフとして通いで働いています。

住む場所が違うとはいえ、私にとって池谷は「ふるさと」です。そこで生まれ育った経験はありませんが、かけがえのない場所に変わりはありません。今後も、池谷との関係は大切に続けていきたいと考えています。

第2章　集落存続に向けてむらが動いた

集会所の改修

中越地震でこわれてしまった神社の鳥居を修復するにあたって、集落の人たちは池谷集落出身者に寄付を募りました。すると思いのほか寄付金が集まり、また中越大震災復興基金の助成も得て無事神社の鳥居は修復されました。２００７年の夏に鎮守様の竣工式が行われたのですが、その流れで池谷集会所改修の話が進められることになりました。

米の倉庫を改修してつくられた池谷集会所は、中越地震の際に建物がいたみ、２００７年7月16日に起きた中越沖地震[*1]ではついに赤紙が貼られ、危険家屋に分類されてしまいました。集落の人たちが集まる大事な場所ですので、改修は急を要しました。

集会所の改修工事には総額約1600万円がかかるという見積もりが出ました。約1000万円は復興基金を活用することで賄えたのですが、残り約600万円は集落での負担が必要でした。6世帯しかない集落で600万円もの負担はとても重いもので、集落の人たちが集まって相談を重ねても妙案は出ませんでした。考えあぐねた結果、大塚商会の創業者である大塚実会長に援助のお願いをしてみようということになりました。大塚会長とは、棚田ネットワークの中島先生の計らいで面識があり、「困ったことがあったら相談に来なさい」と言われていました。そこで、大塚会長へのお手紙を送るため、山本さんと今村さんが文面を考え、達筆の曽根武さんが清書することになりました。

武さんはこの手紙を、3日3晩かけてようやく書き上げました。手紙を書いている途中にペンをなめなめ書いていたので、便箋が真っ黒になってしまい、奥さんのイミ子さんに「失礼だから汚さないで」と言われるなど、慣れない手紙を書くのには苦労がありました。

そんなこんなで米と一緒に手紙を送ったところ、大塚会長は「こんなおいしいお米をつくる集落をなくしてはならない」と言って、なんと500万円もの寄付を個人的にしてくれました。残

改修された集会所の前で、大塚実会長（中央）と池谷集落の住人、関係者

りの100万円は中山間地域等直接支払制度*2の予算を活用することで、無事工事費用を賄うことができました。

後になって武さんに大塚会長から「汚れた手紙に感動した」と言われたとのこと。イミ子さんは「今になって思えば、汚れた手紙だったことで熱意が伝わったと感じた」そうです。この池谷集会所は大塚会長のお名前の「実」をとって、「実るいけだん」と命名されました（集落の人は、昔から池谷を「いけだん」と呼んでいました）。看板の「実るいけだん」の文字は、大塚会長が直々に書いてくれました。改修にあたっては、中越復興市民会議の長崎さんのリードで、構造や使い方について何度も集まり議論を深めました。

2007年12月、改修成った集会所で竣工式が行われました。この竣工式には大塚会長や十日町市長を招待し、盛大に行われました。新たな集会所は、1階は精米所として、2階は集落の寄合や体験交流イベントなどに活用されています。

むらの計画書をつくる

2007年11月から翌年度にわたり、十日町市地域おこし実行委員会を事業主体とした、復興基金「地域復興デザイン策定支援事業（以下、デザイン策定支援事業）」の認定を受けました。この取り組みでは外部から三つの団体（ジェン、中越復興市民会議、棚田ネットワーク）のコンサルティングを受けて池谷・入山集落が今後目指す方向性と計画づくりについて話し合いが繰り返し行われました。

翌2008年4月からは復興基金事務局の指導もあり、NPO法人まちづくり学校にコンサルタントを変更することになりました。担当者としては以前からお世話になっていた金子洋二さんと、新たに斎藤主税(ちから)さんにお願いすることになりました。

2007年11月~2009年1月に池谷で19回のワークショップが開催され、交流イベントや直販、今後の活動方針などについて話し合いました。また、先進地視察を3回(新潟県上越市牧区宇津俣「雪太郎大根」、宮城県大崎市「鳴子米プロジェクト」、新潟県村上市山熊田「山北生業の里」)、講師を招いての学習会も2回と精力的に行いました。

「デザイン策定支援事業」では成果物として「池谷・入山地区地域復興デザイン計画」が策定されました。作成にあたっては、斎藤さんに数え切れないほど集落に通っていただきました。

このデザイン計画には、「地域復興の究極の目的は『集落の存続』」「集落の存続に必要なのは『後継者が暮らせる環境』を整えること」と明記されています。ここに、「外部からでもいいので人を受け入れて後継者になってもらいたい」という方針がはっきりと決まりました。デザイン計画ではその方針のもと、仕事・収入・住居といった人が住むために必要な環境をつくるための具体的な目標設定もなされており、企業の事業計画のようなしっかりとした計画書になっています。

米の直販の本格化

「デザイン策定支援事業」でもう一つ重要なポイントは、実行にあたっての資金も復興基金から活用できたという点です。この事業には、ここで策定した「復興デザイン計画」を実行に移すための「地域復興デザイン先導事業（以下、先導事業）」もセットになっていました。そして、この「先導事業」を活用して、米の直販と空き家改修に関する取り組みが行われました。空き家改修に関しては後で書かせていただくとして、米の直販に関しては以下の四つの取り組みが行われました。

①ミニ精米プラントの導入（予算487万8000円）
②独自ブランド構築のためのＶＩ（ビジュアル・アイデンティティー）計画（予算55万8000円）
③米直販のための受注システムの構築（予算136万4000円）
④販路拡大のためのプロモーション事業（予算170万円）

①のミニ精米プラントの導入では、精米から梱包まですべて自前でできるよう、改修した集会所の1階部分に精米機、石抜き機、色彩選別機、計量機、シーラー、保冷庫を設置しました。一連の作業が効率よく行われることになり、より多くの量を販売できるようになりました。

②の独自ブランド構築では、池谷・入山集落のコシヒカリに「山清水米」というブランド名をつけ、ロゴをつくり、米袋や段ボール箱のパッケージデザインを統一しました。

③の受注システム構築により、注文管理や伝票管理が簡素化されました。またインターネット上でも注文できるようになりました。

④のプロモーション事業では全国各地で開催される各種イベントへの参加や、米を取り扱ってくれそうな飲食店や旅館などへの営業活動が行われました。このプロモーション活動では、外部から支援してくれるボランティアの方々がたくさん力を貸してくれました。

また、ホームページ「池谷・入山ガイド」を制作し、集落のファンを増やして米の顧客を増やす取り組みも行いました。

「先導事業」がなければ、池谷集落のような小さな高齢者ばかりの集落では、構想があったとしても資金的な問題でこれらの取り組みは実現できなかったでしょう。

復興基金は、池谷・入山集落の地域おこしの取り組みになくてはならない資金でした。震災をきっかけに外部から様々な人たちが関わって支援してくれたことと合わせて、資金的な意味でも震災があったからこそ地域おこしの取り組みができたのだと言えます。

今まで記した以外にも、この復興基金を活用して池谷集落の庭野功（つとむ）さん（屋号：隠居）、曽根武さん（屋号：津倉）と、池谷出身で通い耕作者の庭野光郎（みつお）さん（屋号：巾（はば））の3軒が「池谷集落機械共同利用組合」としてコンバインを導入しています。

中越大震災復興基金は、震災当時に新潟県知事が財務省と難しい交渉を行い非常に使い勝手のよい仕組みにさせたというものです。ハード事業だけでなくソフト事業にも使うことができ、公共財だけでなく個人資産に関する復興にも活用できます。こうした使い方ができる復興基金の仕組みは、他の被災地の復興においても大いに参考になるはずです。

農業研修生の受け入れ

「デザイン策定支援事業」に取り組んでいる最中の２００８年10月、池谷集落に農業研修生がやってきました。名前は籾山旭太(あきた)さん、当時27歳の若者でした。

籾山さんは東京農業大学を卒業後、茨城県にある日本農業実践学園という専修学校の職員として働いていましたが、「農業を教えているのに、農村の現場のことを知らなくてよいのか」と思い、農村に住みながら現場経験を積もうと考えて棚田ネットワークに相談したところ、池谷集落を紹介されたのです。棚田ネットワークとの関わりにより、今後につながる大きな出会いが生まれた瞬間でした。

以下、籾山さんの当時の自己紹介文です。

農業研修生 籾山旭太さん（右）

「棚田の稲作を中心に農業を専業でやられていて、1年間、研修生を受け入れてくれる農家を探していました。今年の10月から2年半の期間、学校を離れ、農家研修を行います。研修は農家の方と生活、労働を共にし、栽培・経営技術を学ぶこと、また農家の暮らしぶりを体験することで、将来の学校教育に生かすことを目的としています。棚田という非常に厳しい条件の中で、一生懸命に地域を守ろうと頑張っている農家に1年という短い間ですが、勉強させてもらいたいと考えています。また、里山の自然環境とその保全についても個人的に関心があります。ちなみに、学校では野菜部門を担当していますので、稲作は初心者です。」(原文ママ)

籾山さんは、池谷に来た翌日からさっそく稲刈りに籾摺りに、あの家この家と手伝う日々が続きました。手伝った先々でお礼に食事に招かれたり、お風呂にも入らせてもらったりと、たちまち集落に溶け込みました。人懐っこく、誠実な仕事をする好青年として集落の人たちからも大変信頼されました。

十日町市地域おこし実行委員会でも、池谷分校の管理主任として分校に住んでもらうことを要請し、快く引き受けていただきました。ジェン主催の「村おこしボランティア」はじめ、分校を拠点にした活動の調整員としても活躍しました。

「籾山さんが来てから地域おこしの流れが変わった」と、山本さんは言います。

当時、池谷・入山集落での地域おこしの取り組みにおいて、事務的なことを任されることが多く、山本さんは仕事の合間、ときには夜遅くまで慣れないパソコン作業に取り組んでいました。

山清水米の直販の事務は、今村さんがボランティアで引き受けていました。

籾山さんが来てくれたおかげで、ボランティアの人たちとのやり取りや山清水米の直販といった事務作業など地域おこしの活動に専従者が存在することになり、活動が飛躍的に進みました。ただ、籾山さんとしては「農業研修に来たのに、地域おこしの事務が多くてなかなか農業に十分な時間が取れない」という悩ましい状況でもあったようです。

当初、籾山さんは2年半の研修期間のうち、最初の1年間は池谷集落で米づくりを経験し、2年目は別の地域で牛飼いを学びたいと考えていました。しかし、池谷集落の人たちの「残ってほしい」という強い願いもあり、また牛を放牧して耕作放棄地を再生させるという新潟県の事業を入山集落の奥地で2010年に取り組むことになり、2頭の牛を飼うことになったので、結果的に2年半の研修期間のすべてを池谷集落で過ごすことになりました（2012年に牛飼育事業は終了）。

期間限定とはいえ、外から若者がやってきて池谷分校に住み込みで地域おこしの取り組みに従事してくれたことは、池谷集落にとって非常に大きな一歩になりました。

30年ぶりに盆踊りを復活

籾山さんは横笛や太鼓といった和楽器をたしなみ、よく夜に外で笛の練習をしていました。ある日、集落の鎮守様にある太鼓を見つけ、集落の人から、「この太鼓は30年もここで眠っているんだ」という話を聞きました。籾山さんが、「今年はぜひこの太鼓を世に出そう」と発案し、「それなら盆踊りを30年ぶりに復活させよう。開催日は2009年8月15日」とむらの中で話がまとまりました。

この話が決まると、さっそく人集めが行われました。集落出身者や、ボランティアで通って来てくださっている方など広く声がけが行われました。十日町市地域おこし実行委員会のブログでも何回にもわたって告知を行いました。

30年ぶりの盆踊り開催に皆盛り上がり、事前の準備や練習にも余念がありませんでした。なかには大勢の人たちが来るのを楽しみに、毎晩浴衣を縫う集落の人たちもいました。盆踊りは集会所で1週間前から練習を行うという気合の入りようでした。盆踊り唄の「よいやーさ」の文句（歌詞）は庭野昇一さん（屋号：坂之上）がコピーを大事にとっておいてくれたおかげで、なんとか生唄でできることになりました。何せ30年ぶりなので最初はなかなか調子がつかめなかった集落の人たちも練習を重ねるなかで、音頭取りも太鼓たたきも踊り手もだんだん昔の調子が戻ってきました。テープではなく生唄でやるので、みっちり練習できてちょうどよかったのかもしれません。

盆踊り前日は午後から集落の人たちとその親類、ボランティアの方々でやぐら組み立てなどの会場設営が行われました。夜は踊りと太鼓の練習、リハーサル、打ち合わせ、当日は朝から会場設営の続きが行われました。当日の午後もまた踊りの練習があり、これでもかというぐらい練習がみっちりと行われました。そしていよいよ本番が始まりました。

盆踊りに先立って、古くから地元に伝わる祝い唄「天神囃子」を皆で唄いました。集落の人たちとその親類、集落出身者、近隣集落の方、そしてボランティアの方々と皆が一つになって、身の震えるような天神囃子になりました。

十日町市地域おこし実行委員会代表の山本さんの挨拶の後、30年ぶりの盆踊り唄「よいやーさ」を踊りました。太鼓のリズムも音頭取りも30年ぶりの本番とあって踊り始めはなかなか調子が合いませんでしたが、少しずつ調子が合ってきて、中盤になって皆揃って無事「よいやーさ」も復活することができました。

間に休憩をはさみ、集落からささやかな飲み物、食べものが振る舞われました。イワナの塩焼きやフランクフルト、もつ焼き、枝豆、トウモロコシ、ジャガイモなど、素朴なおもてなしでした。横笛の演奏や池谷花火大会も急遽行われ、場を大いに盛り上げてくれました。合間に「十日町小唄」を踊り、「よいやーさ」を再開し、踊り手も音頭取りもクタクタになるまで踊り続けました。最後にその年の池谷集落長の曽根藤一郎(屋号：橋場)さんの挨拶で締めをした後、踊り足りない有志がいつ

復活した盆踊り

までも踊り続け、仲間内で座り込んで語らうなど、お祭りの雰囲気がいつまでも漂っていました。約200名が集まり、盆踊りは大成功のうちに終了しました。

私の池谷集落との出会いと地域おこし協力隊の募集

2008年秋以降、池谷・入山集落の地域おこしの取り組みは、農業研修生の籾山さんが来たおかげもあり、広がりを見せていました。しかし、籾山さんは研修終了後には勤務先に戻ることが決まっています。そこで、この地域おこしの取り組みを失速させてしまわないように、籾山さんの後を引き継ぐ人材を急いで募集することになりました。

そんななか、タイミングよく十日町市役所から山本さんの元に1通のメールが届きました。メールには総務省が「地域おこし協力隊」という制度を開始し、十日町市でも受け入れを行うこと、ついては池谷・入山集落でも受け入れを検討しないか、といった内容が書かれていました。

「地域おこし協力隊」は、都市住民など地域外の人材を地域社会の新たな担い手として受け入れ、地域力の維持・強化を図る事業で、2009年度から制度が開始され、十日町市ではいち早く積極的にこの制度を導入しました。任期は最大3年で協力隊になる人は活動する地域に住民票を移す必要があります。

折しも山本さんと籾山さんで「池谷・入山地域おこし協力隊」というのを考案し、企画書までつくっていた矢先であったので、渡りに船と山本さんはさっそく市役所に話を聞きに行き、受け入れを行うことにしました。

協力隊員は市役所の嘱託職員ですので、市役所から候補者が紹介されますが、池谷集落では協力隊の受け入れにあたっては、任期終了後も集落に住んで活動してくれることを条件とし、ブログに募集記事をアップするなどして、なるべく自分たちで候補者を見つけることにこだわりました。

協力隊員の住居の整備も同時期に行われました。２００９年当時、池谷集落には１軒の空き家がありました。「中屋（なかや）」という屋号の方が住んでいたので、そのまま「中屋」と呼ばれていました。中越地震をきっかけに離村し、空き家になっていたため、それまでもたびたびこの「中屋」をなんとか有効活用しようという話は出ていたのですが、なかなか実現には至っていませんでした。その間、震災で傾いた家がつぶれないように、冬には除雪をしてなんとか保全してきましたが、ようやく２００９年春から「先導事業」を活用し改修に着手しました。

団体で不動産を所有するためには法人格が必要ですが、当時の十日町市地域おこし実行委員会は任意団体で法人格がありません。かといって、集落の誰かが個人で買えるものでもありません。そこで、地縁団体「池谷集落会」が２００９年４月６日に設立されました。地縁団体は不動産を所有できるため、「池谷集落会」として中屋を購入し、管理は十日町市地域おこし実行委員会が行うという形をとりました。復興基金では不動産の取得費用を出せなかったため、今までの寄付金など十日町市地域おこし実行委員会の財源で賄いました。

改修工事に関しては、復興基金が活用できましたが、予算が限られていたため、できるだけお金をかけないように、集落出身の職人さんや、ボランティアに来たことのある本職の方にも多大なご協力をいただき、ほぼ材料代だけで改修することができました。

室内の壁塗りの作業では、入山集落出身の左官屋の山本芳夫さんが作業を指導しました。芳夫さんはこの道45年のベテランで、腕が確実であるのはもちろんですが、仕事にもこだわりがあります。池谷分校に通っていた頃から「中屋」を見てきた芳夫さんは「この家が空き家になっていたことは知っていたが、こんな使われ方をするとは思いもしなかった」と言います。

池谷集落出身の曽根久(ひさし)さんは大工として、いろいろな作業をこなしてくれました。久さんも池谷分校の卒業生です。

ボランティアでは、増田雅一さんが改修の責任者として大活躍しました。東京で建材業を営んでいることもあり、この道に明るく、増田さんの声がけによって建具屋の本間清和さんも本職を活かしてご協力くださいました。

それから、自称「分校の用務員」の樋浦雅紀(通称「まさ」)さん。ジェンが派遣するボラン

中屋の改修。壁塗りはワークショップで

ティアが来る前に池谷にやってきては、分校の手入れなど、あれこれとボランティアが過ごしやすいように取りはからってくれましたが、中屋の改修では資格を持つ電気系統の工事を担当してくれました。

また、壁塗りなど素人でもできる作業はワークショップ形式で作業を進めました。

このように池谷集落で後継者受け入れのための準備が着々と進められていたちょうどその頃、2009年5月に、私（多田）はジェンが主催する池谷集落での田植えの体験イベントに参加しました。そして、これが私と池谷集落との初めての接点でした。私は池谷集落に移住する直前に株式会社ピープルフォーカス・コンサルティング（以下、PFC）という組織開発・人材開発を行う会社でコーディネーターとして勤務していました。PFCは社会貢献活動の一環としてジェンを支援しており、当時私はPFCの社員としてジェンの支援活動の窓口担当をしていました。そんな経緯からジェンが現地でどんな活動をしているのかを見てみたいということと、自分自身作物をつくることに興味があったので、田植えイベントに参加しようと思ったのです。

イベントのオリエンテーションで山本さんの話を聞いて、「自分がやりたかったことはこれだ！」と、ピンときて、自分も移り住んで地域おこしの取り組みに多くの時間を使いたいと思うようになりました。

私はその前年の2008年の秋に起こったリーマンショックを見て、お金の価値の危うさを感じ、なんとなくこの先都会でお金だけ稼ぐ生活をするのはちょっと違うのではないか？　と思うようになっていたのです。とはいえ、「じゃあ何をするのか?」という具体的なアイデア（今風に言うと「対案」）は持っていませんでした。ですが、山本さんの話を聞いて、池谷・入山集落で十日町市地域おこし実行委員会の取り組みをしつつ、生活に必要なものを自給できるようになるというのが自分の今後の生き方としてしっくりくると思いました。

また、池谷分校から見える「中屋」を指さして、山本さんが「いつか来る後継者のために、空き家を改修しているんだ」と語ったことは、私にとって衝撃でした。いつ来るかもわからない後継者のために空き家を整備するというのは、よほど集落に本気度があると感じました。

池谷集落に移住したいと私は思いましたが、当時私には妻と2歳の息子がおり、そう簡単に仕事を辞めて移住するわけにはいきませんでした。当初は「10年くらいお金を貯めてから移住しようかな」と考えていました。そんななか、ジェンの木山さんから「地域おこし協力隊という制度ができて、池谷・入山集落でも協力隊を受け入れるらしいよ。詳しくは（山本）浩史さんに聞いてみて」という情報を教えてもらいました。

次に池谷集落を訪問したときに、私は山本さんから地域おこし協力隊について説明を聞きました。すると、任期中の3年間は年間200万円の給料と150万円の活動経費が出ることがわかり、この制度を活用すれば子どもも連れでもすぐに移住できるかもしれないと思い始めました。

また、私は池谷集落に移り住むにあたって、十日町市地域おこし実行委員会の「自分たちの取り組みの情報を全国に発信し、日本を変えるような運動にしたい」という構想に強く共感していました。その点で、地域おこし協力隊は総務省つまり国がつくった制度で、2009年から3年間で全国3000人規模に増やすと総務省の資料にも書かれており、この方向性でいけば、「自分たちの取り組みの情報を全国に発信し日本を変える」ことも進めやすいとも考え、私はなんとしても地域おこし協力隊として池谷集落に移り住みたいと思ったのです。

こうして妻に相談を持ちかけたところ、案の定、田舎暮らしにまったく興味がない妻からは「なんでそんなところに行かないとあかんの？」「カフェでお茶ができなくなる」と猛反対されました。これは「最悪の場合離婚もありうるかも……」とまで思いつめました。ですが、将来的なことを考えると家族にとっては移住するほうが幸せになるはずだと本気で私は思っていましたし、日本を変える運動をしたいと言っておきながら、最も近しい妻からも理解してもらえないのでは、そんな大それたことはできないだろうと思い、一人で移住するのではなく、なんとしても妻や子どもも連れて行こうという気持ちは揺らぎませんでした。

そこで、妻にも池谷集落の魅力を体感してもらうために、実際に現地に連れて行き、地域の人にも会ってもらおうと考えました。

籾山さんが復活させてくれた盆踊りがタイミングよく8月に開催されたのに合わせて、妻と子どもを連れて参加しました。しかしなんということか、そこで妻はブヨやアブに刺され、足がパンパンに腫れ上がってしまったのです。妻にとって最初の池谷集落体験は最悪の印象となってしまいました。

しかし、私はあきらめず、翌9月の連休（シルバーウィーク）に平日2日休みを取り、9月18日～27日の10日間、妻と子どもを連れて池谷集落に滞在しました。このときは改修中の「中屋」に泊まり、曽根武さん・イミ子さん夫妻に車を貸していただきました。この頃はまだ「中屋」には電気がなかったので、夜暗くなると子どもも自然に眠くなり、ふだんよりも寝つきがよかったことが今でも印象に残っています。

集落の人たちとしては、私が家族連れで何回も来て「移住したい」と言っているので、歓迎ムード一色でした。「美紀さん（うちの妻の名前）が米の直販の事務をやってくれるのであれば、月5万円の手当を出しましょう」というありがたいお話もあり、なんとか妻も移住することを了承してくれたのでした。その後、ＰＦＣの上司にも池谷集落に移り住むことを伝え、地域おこし協力隊の面接の日程調整をしました。

２００９年の秋には「中屋」の改修が完了し、11月7日に池谷集落の収穫祭がこの「中屋」を会場にして行われました。私はこの日、十日町市役所で地域おこし協力隊の面接を受け、その後収穫祭に参加しました。そしてその場で私たち家族の移住が発表されたのでした。

私は２０１０年1月末をもってＰＦＣを退職、2月4日に引っ越しをし、翌5日から地域おこし協力隊として着任しました。5日の午前中、私は地域おこし協力隊の初日として市役所に行ったのですが、同時に荷物を積んだトラックが池谷集落に到着する予定になっていました。ところが、大雪の中の引越しでしたので、荷物を運ぶトラックが池谷集落のふもとで立ち往生し、上まで登ってくることができません。その情報は、たちまち集落の人たちにも伝わりました。こんな非常時には都会の人間はまったく役に立ちません。集落の男衆が活躍しました。「軽トラで往復して運ぼう」という意見もありましたが、結局は除雪車にトラックを引っ張り上げてもらうという荒業を使い、家の前まで無事に荷物が運ばれました。届いた荷物を家の中に運び込むのも、集落の人たちが手伝ってくれました。階段が狭く急だったため、2階に置く大きな家具は積雪を利用して外から運び入れてもらいました。引っ越し早々自然の猛威と集落の人たちの結束力のすごさを感じました。

集落の5年後を考える

2010年3月6～7日にかけて、池谷・入山集落に昔から住んでいる人たちと都会からのボランティアなど、有志約30名で集落の「5年後を考える会」が開かれました。中越地震から5年が経過するなかで、「池谷・入山復興デザイン計画」を見直し、さらに関係者の意識を共通化していくことが目的です。

当日の企画と進行役は私が務めました。PFCではワークショップ企画やファシリテーションなども仕事として取り組んでいましたので、その経験を活かすことができたと思います。

主旨説明が終わると、三つのグループに分かれて、「将来池谷がどんな集落になっていたいか？」について思いついたことを付箋に書き、好きなだけ出し合いました。

「若い人たちに移住してもらいたい」

「たくさんの人があこがれる場所に」

「他のむらに真似されるようなモデルに」

などなど、集落の人からもボランティアの方からも、積極的に意見が飛び交いました。

集落の人たちからは「むらを継いでくれる若者に住んでほしい」と、強い希望が出ました。

各チームで発表があった後、チームをシャッフルして再度話し合いを続けました。今度は、先程話し合った「将来の池谷」に向けて、「5年後の池谷」がどうなっていたいか、みんなでアイデアを出し合いました。あれもしたい、これもやりたい、とアイデアは尽きない様子で話し合いは大いに盛り上がりました。

一とおりアイデアを出し合った後、最初のチームに戻って、どんなアイデアが出たかおさらいします。

「加工品を売り出す」

「子どもに来てもらう」

「若い人の住宅をつくる」

「むらを法人化する」

などなど、前向きな意見が出てきていました。

「5年後を考える会」で住民とボランティアがアイデアを出し合う

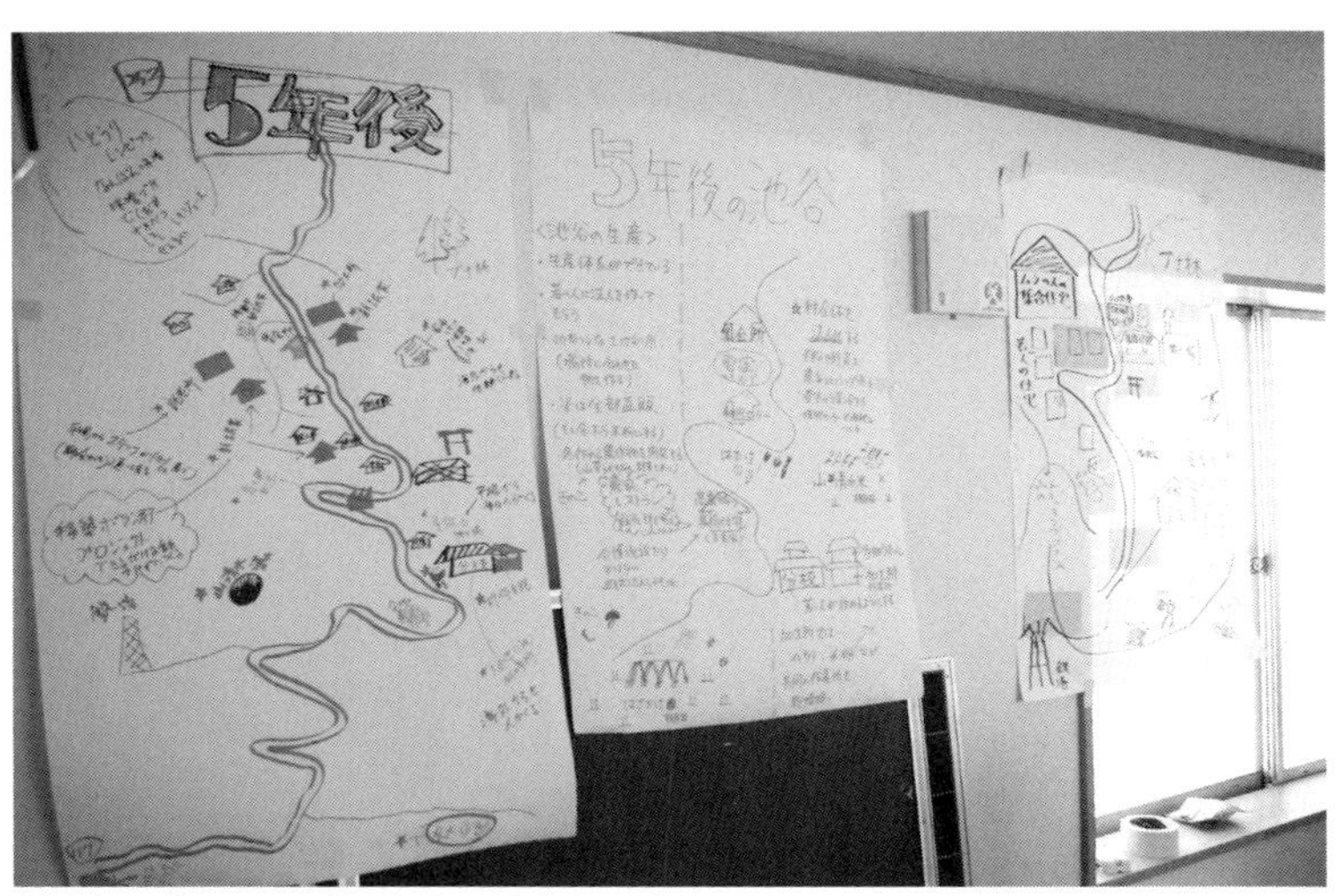

模造紙に描かれた「5年後の池谷」の姿

やりたいと思うことをできるだけ出して話を膨らませた状態で1日目は終了し、交流会に突入しました。

この日の交流会はいつもに増して盛り上がり、だんだん一芸披露の会のようになってきました。定番の十日町小唄に、籾山さんによる横笛や東京農大仕込みの大根踊り、私も京都大学応援団長のときに行っていたエールを送るなど一芸を披露し、和やかに会は進みました。

翌日、2日目にはこれまで膨らませたアイデアをまとめる作業を行いました。5年後の集落の様子を模造紙に地図にして描いていきます。

「分校の体育館を多目的ホールに」
「若い人が住めるように、古民家を移築」
「加工品をつくって、お米以外の収入源も」
「子どもが遊べるような場所をつくろう」

などなど、具体的に絵に描くことでイメージがさらに湧いてきました。

この絵はその後もずっと集会所に掲示しており、集会所に集まるたびに目に入るようになっています。山本さんは会の最後の挨拶で、「5年前に地震が来たときは、5年たった今、こんなふうにボランティアの人たちが大勢訪ねて来たり、移住者が移り住んでこの先5年後の将来のことを皆で考えるようになるなんて全然考えられなかった」と話しました。

「5年後を考える会」で、改めて今後の方針が決まり、集落がより一致団結して集落存続に向けて取り組んでいくことになりました。

震災復興支援からの自立

2010年4月17〜18日にかけて東京で開催された「アースデイ東京」で米の出張販売をすることになり、私たち家族は籾山さんの車を貸してもらい、米を積み込んで、16日の夜に池谷を出発しました。この時期はノーマルタイヤに変わった直後だったのですが、出発の日にまさかの季節外れの雪が降りました。

関越自動車道はチェーン規制になったので、三国街道（国道17号線）を通り、三国峠を越えて行きました。登りは米を積んでいたためかノーマルタイヤでも進むことができました。徹夜で時速20㎞ぐらいでゆっくりと慎重に運転をしていたのですが、明け方、下り坂にかかると車が滑ってしまいました。山際にぶつかったと思ったらはね返って車が止まらず、反対車線にはみ出し、ガードレールにぶつかり、またはね返って山際にぶつかり、ようやく車が止まりました。もし反対車線から車が来ていたら、またはガードレールがなかったら大惨事になっていたかもしれません。車はこわれてしまい、朝山本さんに電話をして事情を話したところ、現地まで来てくれました。事故の処理をしてからアースデイ東京の現場まで向かい、米を販売して帰りました。車を貸してくれた籾山さんには申し訳ないことをしたと思いますし、山本さんにも迷惑をかけてしまいました。けが人が出なかったのは不幸中の幸いでした。この日の経験で、雪の日にはスタッドレスタイヤが必須であることを痛感しました。

そのような痛い失敗もありましたが、地域おこし協力隊1年目の私の活動は前に進んでいました。東京への農産物の出張販売や交流イベントのコーディネート、池谷分校の体育館の改築のための震災復興基金の申請、改築にあたって建物再生塾というワークショップ形式のイベント開催を外部専門家とやり取りをしながら開催などなど……。

翌2011年からは、佐藤(当時は旧姓坂下)可奈子さんと福嶋(当時は旧姓小佐田)美佳さんという2名の女性が池谷集落に移住する話も進んでいました。2人ともジェンのボランティアイベントがきっかけで池谷集落に通うようになり、イベント以外でも頻繁に集落を訪れていました。

そんななか、中越地震以降池谷・入山集落を支援してきたジェンから突如「そろそろ自立してもらってもよいと思う」という連絡がありました。ジェンは「心のケアと自立の支援」をモットーとしており、最終的には支援がなくてもよい状態をつくることをよしとしています。この時点で池谷・入山集落は自立してももう大丈夫だとジェンは判断したのでしょう。

しかしながら、言われた池谷集落の人たちの側としては、「ジェンはもう自分たちを見捨ててしまうのか?」と驚きを隠せませんでした。そこで、ジェンの事務所と曽根武さん宅をインターネットでテレビ電話をつなぎ、事務局長の木山さんから池谷集落の人たちに「自立」の意図を説明していただきました。そして、「これで池谷・入山とジェンとの縁がすっかり切れるわけではない。これまでの支援する側・される側という関係ではなく、対等の立場で今後も関係は継続しましょう」という話を受けて、池谷集落の人たちもようやく安心することができたようです。

自立後は、ジェンが主催していたイベントを引き継ぎ、自分たちで企画し参加者を募集したり、山清水米のチラシをジェンのニュースレターに無償で封入してもらっていたものが有償になるなど、経済活動に関わる部分は自前で行うことになりました。これまで外部からの支援を受けていた地域おこしの取り組みを、自分たちだけで行えるようになったと認められたことは、池谷・入山集落が新たなステージに立ったことを意味するとも言えるでしょう。

そして、2010年11月26日、「自立式」が東京渋谷区にあるJICA東京講堂で行われました。池谷・入山集落からはマイクロバスをチャーターし、総勢18名が乗り込んで出かけました。十日町市の関口芳史市長も出席してくれました。

ジェンからの自立式

「自立式」では、ルポライターの筑波君枝さんの基調講演、映像紹介・展示物紹介と続き、池谷・入山からの「あわせおけさ」や十日町小唄の踊りなどが披露されました。「あわせおけさ」では、2日後に3歳になる私の長男、和正も一緒になって踊りました。

その後、パネルディスカッションが「コミュニティの再生：今、日本の中山間地が元気を取り戻す～池谷・入山の努力と目標～」と題して行われました。

最後に、この年の集落長の庭野功さんにジェンから池谷・入山集落の旗が手渡されました。旗に描かれたロゴは、ジェンが支援企業に依頼して制作したものです。池谷・入山集落の頭文字をとって「i」が二つ並び、人が手を取り合っているようにも、笑顔のようにも見えます。池谷・入山集落の自立を祝い、今後の発展を激励する素敵なプレゼントでした。

新しい旗のプレゼントに対して、功さんから答辞がありました。その内容は以下のとおりです。

お礼の言葉

稲の刈り入れを終え、冬の大雪に向けた支度がほぼ一段落した今日この良き日に、お陰様をもちまして、「自立式」という大きな節目を迎えることができました。

2004年10月23日に起こった中越大震災は、私たちに多くの被害と困難をもたらしました。今まで経験したことのない大きな震災によって、家も作業所も大きく壊れ、村の道路はいたるところがひび割れ、神社の鳥居も崩れました。また山は滑り落ち、痛々しい白い肌を見せ、田んぼの畦は崩れ、震災後3年もの間、米づくりができない農家もありました。

しかし今振り返ってみると、この震災は、甚大な被害をもたらす一方で、より多くの〝恵み〟を私たちに与えてくれました。未曾有の大震災に見舞われて、そこから立ち直るための復興活動を、ジェンの皆様、そして遠方より駆けつけてくださった、1000人を超えるボランティアの皆様のお力を借りながら、この6年間続けてくることができました。

多くのご支援の皆さんとの協働作業により、村の中の景色が目に見えて変わってきたことはもちろんのことです。そして協働作業を通じて、住民同士がお互いに顔を合わせる機会が増え、またこれまではほとんどなかった外から来られた方と住民とが触れ合う機会が増え、助け合う気持ちが今まで以上に増し、地域全体の雰囲気もとても良い方向に変わっていきました。

そしてもう一つ。廃校になっていた旧池谷分校が「やまのまなびや」として生まれ変わり、こんなにもたくさんの人が訪れるようになるとは、震災直後、誰が想像できたでしょうか？

池谷・入山が今、こんなにも活気ある地域に生まれ変わったのもジェンの皆様の情熱とご尽力があったからだと、住民をはじめ関係者一同、感謝の念でいっぱいであります。

「もう10年早く大震災が来てくれれば良かった」という話も冗談ばかりではありません。集落の存続も希望が見えてきました。

言葉ではとても言い尽くせるものではありませんが、この6年間本当にありがとうございました。

本日の「自立式」によりまして、ジェンの皆様と私共の関係は、今までの支援する側と、される側という関係から、一歩発展させた、相互協力という新しい関係に変わります。地区住民の高齢化、農業の後継者不足など依然として課題は多くありますが、住民一同がこれまで以上に力を合わせて、つながりのできた多くの方とのご縁を忘れることなく、共に一生懸命精進してまいる決意であります。

最後になりましたが、ジェンの皆様、これまでご支援して下さった数多くのボランティアの皆様、そして十日町市地域おこし実行委員会、お互いの今後のますますの発展を祈念いたしまして、結びの言葉とさせていただきます。

本日は誠にありがとうございました。

2010年11月26日　十日町市池谷・入山集落

（原文ママ）

分校で籾山さんの結婚式を

ジェンからの「自立式」を終え、籾山さんの研修期間も残すところあとわずかになりました。2011年3月には、池谷集落を卒業し勤務先の日本農業実践学園に戻らなければなりません。お別れの前に、池谷分校で籾山さんの結婚式をしようじゃないかという話が出ていました。集落での結婚式を提案したのは、曽根武さんです。それにはこんな経緯がありました。

ある日、武さん宅での夕食に籾山さんが呼ばれていたときのことです。ふとしたことから、籾山さんがどうして池谷を研修先に選んだのか？　という話になりました。「こっちに友達がいるからここにした」と籾山さんが答えたので、武さんが「どういう友達か？」とさらに聞くと、「学校の後輩です」というやり取りがありました。それを聞いて最初、武さんはてっきり男の友達だと思っていたのでした。

その後、しばらく経ったある日、籾山さんは武さんに「実は彼女がいるんですよ」と明かしました。籾山さんが池谷・入山集落を研修先にした理由の一つには、十日町市に近い長岡市に恋人が住んでいるからということもあったのです。

そこで、武さんは「彼女がいるのなら、ここで結婚式をしてはどうか？」と提案しました。こうして、籾山さんは恋人の千鶴さんと池谷分校で結婚式を挙げることになったのでした。

私は、地域おこし協力隊として池谷集落に移住した当初から、山本さんに「籾山君の結婚式の段取りをぜひお願いしたい」と頼まれていましたので、ボランティアの方々の協力を得ながら段取りをつけていきました。手づくりの結婚式ですので、器なども自前で用意しなければ

籾山さんの結婚式での花嫁行列。花嫁の介添役は池谷集落の曽根イミ子さん

ばなりません。幸い庭野昇一さんの倉庫に、昔の結婚式で使っていた器がそのまま残っていましたので、当日はそれを使わせていただくことになりました。

移住女子がやって来た

結婚式を間近に控えた2月20日に、佐藤（当時は旧姓坂下）可奈子さんが移住してきました。内定していた企業を断り、大学を卒業するタイミングで集落に来ました。

可奈子さんは映像制作が得意で、30年ぶりに復活した盆踊りの記録映像を撮影し、編集して、池谷集落の人たちにプレゼントしていました。この映像の出来栄えには皆、大満足でした。写真やエッセイを書くのも得意なので、ブログで集落について発信もしていました。池谷集落に通い、農家の言葉に耳を傾けるうちに、「この集落の人たちのようになりたい」と思うようになり、自ら農家になることを目指したのです。

籾山さんの結婚式が行われたのは２０１１年3月5日、集会所で式を挙げたのですが、この日の巫女を務めたのは中越地震以前に名古屋から移住した井嶋（当時は旧姓伊藤）三佳さん（屋号：三椿）でした。

集会所での式の後、古式の披露宴を親族などで行い、その後集会所から移動して池谷分校で披露宴が行われました。集会所から池谷分校までの間は、牛を引きながらの花嫁行列でした。この行列を見るために大勢の見物人が集まりました。その数は200名近くになったと思います。

披露宴には参加者と裏方のボランティア合わせて約100名が集いました。この披露宴も盛り上がり、籾山さんの人柄がにじみ出るような結婚式となりました。

結婚式が終わった後も籾山さんはしばらく池谷集落に残っていましたが、3月25日に勤務先の日本農業実践学園に戻りました。

そして籾山さんと入れ替わるようにして福嶋（当時は旧姓小佐田）美佳さんが池谷集落に移住してきました。美佳さんは大学卒業後3年働いた求人広告会社を退職して、2011年4月17日にやってきました。美佳さんもブログで集落の様子を発信したり、池谷・入山集落の様子を撮影した写真展を東京で行うなど、より多くの人に集落のことを知ってもらいたいと取り組むうちに、実際にむらに住んで地域おこしの活動をしたいと考えるようになり、移住を決めました。

最初の1年目は可奈子さんも美佳さんも池谷分校に住みながら十日町市地域おこし実行委員会の仕事をして、月5万円の手当をもらい生活しました。ちなみに月5万円というのは「緑のふるさと協力隊[*3]」を参考にして設定され、十日町市地域おこし実行委員会の自主財源で賄われました。分校に住むことで、家賃や水道・光熱費などは実行委員会の負担と

移住女子福嶋美佳さん（左）と佐藤可奈子さん

なり、車も貸与されました（ちなみにこの車も後に、交通事故により廃車になってしまいました。幸いこのときも物損事故でけが人はなかったのが救いでした）。可奈子さんは分校の管理や映像制作、美佳さんは体験交流イベントの調整や広報を担当しました。十日町市地域おこし実行委員会の仕事による月5万円の収入だけではさすがに生活は厳しいですが、時間の拘束はそれほど厳しくなかったので、単発のアルバイトなどもこなしていました。

２０１２年1月から美佳さんは十日町市役所の臨時職員として3ヵ月間勤務することになり、池谷分校から街中のアパートに引っ越しました。市役所で勤務しながら、集落の体験交流イベントの調整役を続けました。臨時職員の3ヵ月の契約終了後、4月に十日町市地域おこし実行委員会がＮＰＯ法人化したことに伴い、その事務スタッフとして採用され、池谷分校へ通勤することになりました。

一方、可奈子さんは農家になるという希望があったため、２０１２年4月から農林水産省が実施する「青年就農給付金（準備型）」を受給することになりました。研修先は近くの魚之田川（うおのたがわ）集落で水稲とナスを主につくっているボブファームの大津貴夫さんのところでした。

今では可奈子さんも美佳さんも十日町市内の男性と結婚し、そちらの実家に家族と住んでいます。可奈子さんは「移住女子」の元祖として様々な情報発信に取り組みながら、引き続き池谷集落への「通い耕作」という形で稲作とサツマイモ栽培を行っています。米は山清水米として出荷し、サツマイモは集落の人から買い取ったものと合わせて籾山さんのいる日本農業実践学園で干し芋に加工して販売をしていました。美佳さんはNPO法人地域おこしの事務スタッフとして、経理や労務関係の事務を伴い、イベントの調整やインターンシップのコーディネートなどを行っていました。

二人の移住女子の経験からも、農村では食費などの生活費を安く抑えられるとはいえ、月5万円程度の収入では一人暮らしで家賃や水道・光熱費やガソリン代以外の車の維持費がかからなかったとしてもせいぜい我慢できて1年間であり、長期的に生活し続けることは難しいことがわかります。ただ、この月5万円で移住希望者を受け入れるという形式は、その後、インターンシップ事業という形で毎年継続的に新潟県内各地で行われるようになっています。新潟県がインターンシップ事業を開始するにあたって、池谷分校に県の担当者の方が「こういうインターンシップの事業を県として行おうとしているのですが、ご意見をいただけませんか？」と調査にきたこともありました。池谷集落での取り組みが新潟県全体に波及していったと見ることもできると思います。

＊1　新潟県上中越沖を震源とした地震。十日町市では、震度5強を観測。

＊2　農業生産条件が不利な状況にある中山間地域等における農業生産の維持を図りながら、多面的機能を確保するために2000（平成12）年度から導入された制度。

＊3　「緑のふるさと協力隊」は、農山村に興味をもつ若者が、地域再生に取り組む地方自治体に1年間住民として暮らしながら、地域貢献活動に携わるプログラム。特別非営利活動法人地球緑化センターのサポートにより、1994年から行われている。隊員には生活費として月5万円を支給。

コラム

「こんな大人になりたい」と思える人たちがいたから

佐藤可奈子

そこは、限界集落ではない。

「きぼうしゅうらく」だった。

●池谷との最初の出会い

それが、私が大学3年生のときに、初めて池谷集落に出会って感じた、第一印象だった。多いときで4m近くも雪が積もる日本有数の豪雪地帯。新潟県十日町市の山あいの小さなむら、池谷集落。当時、6軒13人の、ちいさな集落だった。初めての農作業ボランティア。電灯のない真っ暗闇を、むらのおじいちゃんが運転する車に乗って、どんどん奥へすべっていった。その人がのちに、私の農業人生の師匠となった。まるで、地上のブラックホールの喉元へ、するする飲み込まれてゆくようだった。しかし、夜が明けてみれば、霧の中からぽつりぽつりと芽吹くように、ちいさな営みの場が現れた。日本のすみっこの、ちいさなちいさな集落に、70歳を過ぎても皆が夢を語り、「集落存続」の船を一生懸命こいでいる人たちがいた。

私は香川県で生まれ育ち、大学で上京し卒業後、池谷集落に2011年2月に移住し就農した。もちろん非農家出身、ゼロからの就農。移住当時は大学を卒業したばかりの役立たず・世間知らずの22歳だった。そんな私を地域の師匠たちは見放さず、信じてくれ、育ててくださり、今の私がある。少しでも地域にその感謝の気持ちをお返ししていきたいと、今も農業を続けている。

大学では、法学部政治学科でアフリカの紛争解決や難民支援を専門に勉強していた。きっかけは、中学校の英語の授業で緒方貞子さん（前・国連難民高等弁務官）について学んだときだった。世界で活躍する日本人女性がいることに驚き、私も海外で働きたいと思った。

そして夏休みを利用しては、ケニアやルワンダに足を運んだ。

しかし徐々に、絆創膏的に現地で活動するよりも、根本の原因解決に携われないかと思うようになった。その頃、難民支援をする学生サークルを通じて、ジェンと出会い、ニュースレターをもらうようになった。

あるときニュースレターに、中越地震の復興ボランティアのかわいいチラシが混じっていた。

当時ジェンは池谷集落で震災復興の活動をしていた。海外で活躍するジェンが日本のかたすみの小さな集落でも活動をしている。とても不思議だった。その答えを知りたくて、出会ったのが池谷集落だった。

●今のままの自分でいいと思えるように

それ以来、農作業や「村おこしボランティア」で何度も通うなかで、集落の人たちは土に向かうことを通して、豪雪農業が生む、生き方や哲学、文化をたくさん教えてくれた。あるときは、沢から吹く風が、頬をなでる畦の上で。あるときは、ばたばたと雨がカッパを打つなか苗箱を運ぶ道中で。あるときは、雪降る窓辺で薪ストーブに木をくべる薄暗い部屋のなかで。

世の中がどんどん変化し、瞬きできないスピードで進む「わけのわからないことが多い」不安の時代のなかで、それは確かなものだった。自分の生き方を信じている。その生き方は、語らぬもののあり方から羅針盤を引き出し、その自然や作物の姿にならうように、生き方に還元していた。大切なことは、すべて目の前にある。「こんな大人になりたい。こんなしあわせなおばあちゃんになりたい」と素直に思った。「ここはなあんもないから、大切なものがよく見える。どんなに着飾ってても、その人となりも、よく見えるもんなんだ」とよく言われた。

だから、ぽっちゃり体型にコンプレックスを抱いていた私にとっては、ありのままでいられる場所でもあった。食べることに罪悪感を抱き、いつもカロリー計算。ずっと自分のことが嫌いだった。それを補うようにブランド物をまとっていたが、本当の自分ではない気がしていた。

「師匠」の曽根藤一郎さん（中央）を囲む筆者（佐藤可奈子）の家族

「丸々してかわいらしいから可奈子なんだ」「おいしそうに食べている姿がいちばんかわいい」と刷り込まれてくると、不思議なもので今の自分を好きになってきた。そして移住後、太い細いという価値観ではなく、自分にちょうどいい体型になっていった。

●たくさん失敗するから本物になるんだ

移住後の農業は失敗だらけだった。初心者の私に地元のお味噌屋さんが初めてナスの栽培をお願いしてくれたのに、肥料の配合を間違えて全滅させてしまった。軽トラの脱輪、トラクターの落下、動力散布機を背負ったまま畦下の川に落ちたり、冬に芋を腐らせたり……。失敗しかしていない。けれど、失敗したときにいつもかけられる言葉があった。

「失敗してよかったじゃないか。たくさん失敗するから、本物になるんだ」「おらも同じような失敗してばか見たんだ」「まぁ泡くうなって。まぁお茶でも飲んで、どうするか考えよう」

……失敗していいの？　それは衝撃的だった。今まで失敗をしないようにしないように、学校で学び続けてきた。集落の先生たちは、農業を通して生き方を教え続けてくれた。

その後、私だけが山奥で農業していても大切なものはつながってはいかないと思い、山地に移住した女性で「移住女子」を結成し、都市と農村をつなぐフリーペーパー発刊や全国移住女子サミット開催などの活動や、女性と畑をつなぐ女性用農作業着の開発（現在はキッズファームウェアの開発）も始めた。そのなかで、気づきがあった。

里山の現場で農業をするなかで聞く女性たちの悩みと、都市で移住女子の活動をしながら聞く女性たちの悩み。双方が同じことを言っていた。それは「はぐくむことへの不安」だった。双方をつなげたら、両方の課題を解決できるのでは、と思う頃、私は出産を迎えた。

娘の存在は、今まで師匠の背中を追うことから、追われる自分になったことに気づかされてくれた。そして、暮らし・仕事・子育てが分断していることが、都市の生きづらさを生んでいるが、そうだ、農村はそれらが地続きで、最高にしあわせな「はぐくみ」の場だ。２０１７年からは、農園をスノーデイズファーム株式会社と改め、保育士や管理栄養士、社会福祉士など異業種の人たちもチームに組み込み、農業と保育を掛け合わせ、しあわせなはぐくみのフィールドをつくろうと一歩踏み出した。チャレンジし続けることを教えてくれたのは、私の師匠たちだ。夢を語れるこの小さな集落から、私も夢を描き続けたい。

第3章　集落の灯を絶やさない

集落の人の離農

時間は少しさかのぼりますが、２０１１年春、池谷の農業にとって大きな出来事がありました。この年から庭野昇一さんが稲作をやめることになったのです。当時78歳で、池谷集落の中では最長老でした。

昇一さんが田んぼをやめた大きな理由は、前年に患った脳梗塞の後遺症で歩くとふらふらするようになり、田んぼの作業を一人でこなすことができなくなってしまったからです。昇一さんが耕作していた田んぼは、市内の農業法人が引き継ぐことになりました。

農業法人に田んぼを貸した後は、田んぼの水管理のようにまだ自分でやれる作業についても手出しすることができなくなってしまい、昇一さんは田んぼの作業からは完全に遠のいてしまいました。それでも、やめた年はまだ昇一さんも物足りなかったのでしょう。7月に起きた土砂災害の影響で、私が個人的に借りていた入山集落の田んぼの稲を手刈りしなければならなくなったときには、ボランティアの方々と一緒に暗くなるまでバリバリと仕事をこなしてくれました。田んぼはやめてしまいましたが、自分で食べる分の野菜は畑でつくるなど、農業は続けていました。

昇一さんが田んぼをやめたことは、池谷集落の他の人たちにとってもショックだったようです。できることなら十日町市地域おこし実行委員会で昇一さんの田んぼを引き継ぐことができたらというのが皆の願いだったのですが、この時点では組織として稲作の実績もなく、請け負ったとしても専念できる人員もおらず、とても引き継げるような状況ではありませんでした。

そこで集落の人たちは、だんだんと移住してきた若者に対して、

「俺たちもいつまで田んぼができるかわからない。だから早く（十日町市地域おこし）実行委員会で稲作ができる受け皿をつくってくれ」

「年を取ると1年増しに衰えてしまう。田んぼができる若手をあと何人か早く呼び込んでほしい」

といった意見を述べるようになりました。それだけ、のんびりしていられない状況に集落は追い込まれていたということです。しかし、集落にはもう空き家もなく、新たな後継者候補を受け入れる環境がしっかり整えられているとはいえません。先のことを考えると、今のままではダメ

だという危機感だけが募っていく状況でした。

NPO法人化

２０１１年は田んぼのことを考えると厳しい年でしたが、一方で十日町市地域おこし実行委員会が法人化に向けて前進した年でもありました。私は「農村六起ビジネスプランコンペ」に、十日町市地域おこし実行委員会のNPO法人化を題材として応募しました。「農村六起」とは認定NPO法人ふるさと回帰支援センターが内閣府の地域社会雇用創造事業として運営する、農村での六次産業化の起業支援事業です。コンペで審査に通ると起業支援金として２００万円を得ることができます（２０１１年度で事業終了）。

２０１１年1月30日に長岡会場でコンペが行われました。書類審査を無事通過し、最終発表まで勝ち残りましたが、残念ながら選考には至りませんでした。

審査員の方々からはこのようなコメントをいただきました。

・今回２００万円ばかりもらわなくても、すでに自立してできるのではないか。

「農村六起ビジネスプランコンペ」で発表する著者

・何を食いネタとするのかをはっきりさせたほうがよい。
・（発表で）ＮＰＯ法人の職員はＮＰＯからの給与と個人の副業で生計を立てるとあったが、副業の選択肢を具体的に示したほうがよい。

最後まで私のプランを選考するかどうかもめたとのことで、まったく芽がないわけでもないようでした。

審査員の中には、雑誌『自遊人』『里山十帖』の岩佐十良（とおる）さんもいて、「そのつもりがあれば自分が２００万円を出してもよい。自分が考えていることと共通するところがあるので、選ばれなくてもやってしまったらいい」とまでおっしゃってくださいました。

後日、集落内で話し合い、「農村六起」に再チャレンジをすることにしました。

再チャレンジする理由としては、

・あと少しで選ばれる可能性があるのであれば、このまま引き下がるのは悔しい。
・２００万円の起業支援金は、長い目でみたら小さい金額かもしれないが、立ち上げに様々な費用がかかるので、今の時点ではやはり大きい。
・「農村六起」のような取り組みに選ばれることは、小さな集落としては非常に名誉。

ということでした。

次は、２０１１年9月3日の長野会場でのコンペに向けて準備が行われました。再挑戦では前回の反省も踏まえ、計画を練りなおし、内容を向上させました。発表でも最大限アピールできるように、私だけではなく、十日町市地域おこし実行委員会代表の山本さんと集落の住民の曽根武さんも一部発表に加わるなど、集落一丸となって臨みました。結果、無事選考を通過することができました。

審査員でもあり、ふるさと回帰支援センターの専務理事・事務局長（当時）の高橋公さんからは「前回はダメだったが、今回のプレゼンはこれまでの２００以上のプレゼンの中でも10本の指に入るぐらい完成度が高いプレゼンでした」との評価をいただき、非常に達成感が得られました。

無事、起業支援金を活用できることになり、十日町市地域おこし実行委員会のＮＰＯ法人化の準備が始まりました。２０１１年12月10日にＮＰＯ法人の設立総会が開催され、２０１２年４月４日に登記が完了、晴れて十日町市地域おこし実行委員会はＮＰＯ法人となりました。

ＮＰＯ法人には大きく分けて2種類あります。一つは完全にボランティアのみで運営されており、有給スタッフがいないパターン。もう一つは有給スタッフを雇用して普通の会社のように運営されているパターンです。

ＮＰＯ法人化する前の十日町市地域おこし実行委員会は、山本さんや今村さんなどが完全にボランティアで運営していました。籾山さんが来てからは、専従者的に平日の昼間でもみっちり時間を使えるようになりましたが、籾山さんはあくまでも農業研修生という立場であり、十日町市地域おこし実行委員会から給料は支払われていませんでした。私も地域おこし協力隊の任期中は、隊員として担当地域の取り組み支援という形で関わっており、十日町市地域おこし実行委員会からは給料をもらっていませんでした。

私の妻は米の直販事務に対する対価として、可奈子さんは池谷分校管理人の手当として、美佳さんはイベントや広報の事務の手当としてそれぞれ月5万円が支払われていました。しかし、これらは毎日終日仕事があるわけではなく、正規に雇用する仕組みではありませんでした。

NPO法人化後は職員を常時雇用する方針を明確にし、経営が軌道に乗るまでは、様々な助成金などもうまく活用して組織を運営することになりました。後継者を受け入れることができる環境とするには、住居と合わせて仕事と収入をつくっていく必要があります。今もなお手探り状態ながら、なんとか雇用を増やしていくことができるように取り組んでいます。

被災の経験を活かして

2011年3月11日、日本中に大きな衝撃を与えた東日本大震災が発生しました。十日町市の池谷・入山集落でも揺れを感じました。翌日3月12日には早朝3時59分に長野県北部地震が発生し、十日町市内でも長野県寄りの地域では大きな被害が出ました。池谷・入山集落では池谷分校の壁に亀裂が入りましたが、幸い大きな被害はなく、けが人などもいませんでした。

東日本大震災はこれまでに経験したことがないほどの被害を日本の広い範囲に与えました。ジェンも宮城県石巻市に支援に入ることになりました。池谷・入山集落からも山清水米を2俵被災地に送りました。

震災から1年が経過した２０１２年3月25〜27日にかけて、ジェンの調整によって、私を含む池谷・入山集落の有志9名が宮城県石巻市に行き、被災地の浜やコミュニティカフェなどを訪問しました。訪問先では中越地震以降の復興活動について山本さんが説明した後、私たちの池谷集落での経験を語り、現地の方と意見交換をしました。参加した池谷集落の人のほとんどが70代の高齢者でしたので、訪問の3日間はかなりの強行軍でしたが、地震の規模の違いこそあれ同じ被災地の人たちの力に少しでもなれればという思いもあり、疲れを見せた人はいませんでした。

私自身としては、東日本大震災は津波や原発事故といった2次災害がひどく、中越地震と比べると規模は

ジェンの案内で東日本大震災の被災地・石巻市を回る池谷の人々

池谷集落での取り組みを報告する山本代表

まったく違いますので、果たして池谷・入山集落の人たちの話がどこまで役立つものなのかという考えが当初はありました。とはいえ、復興に向けて熱心に取り組んでおられる方々と真剣に意見交換ができたと思います。この訪問が、少しでも復興のお役に立つことができればと思います。

訃報

２０１２年12月～２０１３年3月にかけて、集落の農地をＮＰＯ法人十日町市地域おこし実行委員会が組織的に引き継いでいくために、何度も集まって打ち合わせが行われていました。田んぼを集約しようという話が最初に出たものの、いざ話を具体的に詰めていくと、生産者は自分の田んぼは自分でこだわったやり方で耕作を続けたいと思っているうえに、十日町市地域おこし実行委員会がまだ組織として耕作を担える段階ではないことがはっきりしてきました。そこで、まずは稲作の前に畑作を共同化して取り組むことになり、作物としてはジャガイモ、枝豆、サツマイモ、大根をつくることになりました。

特に、サツマイモは以前から池谷集落では各家でつくられており、曽根さき子さん（屋号：橋場）が長年十日町市内を幅広く訪問販売していた積み重ねで、固定客もおり、評判もよかったので、力を入れていこうという話がまとまっていました。サツマイモを収穫したら、さき子さんと一緒に訪問販売をして、ノウハウを教えてもらおうという話にもなりました。昔からつくってきたサツマイモを活かした池谷集落らしい取り組みに、皆、盛り上がっていたのです。

ところが、2013年3月16日に、さき子さんが急逝されました。享年74歳でした。集落での地域おこしが本格化してから、中心になる集落の方が亡くなったのはこれが初めてのことでしたので、集落の人や関係者にとって大変悲しく衝撃的な出来事でした。

さき子さんの葬儀では、遠方からも大勢の方々が駆けつけ、故人の冥福を祈りました。

インターンシップ事業開始

2012年度から新潟県のインターンシップ制度が始まりました。集落の後継者を本格的に増やしていくために、私はぜひこの制度を積極的に活用していきたいと考えました。新潟県のインターンシップ制度のうち、「にいがたで『暮らす・働く』応援プロジェクト」は事業実施主体として市町村と地域団体が連携して進めることになっていたので、市役所にこの事業に取り組むと言ってもらわないと制度を使うことができません。

そこで、私は当時十日町市企画政策課で地域おこし協力隊担当だった山岸さんに「十日町市でも「にいがたで『暮らす・働く』応援プロジェクト」に取り組んでほしい」と提案をしました。当時、十日町市では市長の発案で「職員知恵出し会議」が行われていました。「職員知恵出し会議」とは若手職員が市長に提案をし、良い提案はそのまま予算化されるというものでした。そしてちょうどこのときのテーマが「十日町市の人口増加」であり、山岸さんも提案をすることになっていました。山岸さんとのやり取りを通じて「十日町市の人口を増やしたい」と市長が強く思っていると考えましたので、人口を増やすにあたってインターンシップ事業は有効と提案したらよさそうだと思い、山岸さんに伝えました。

山岸さんはとてもスピーディーに動いてくれ、私にこう言いました。

「(「職員知恵出し会議」の場で) 市長に対して年間5名のインターン生を受け入れる枠をつくってもらえるように提案しました。そしたら、市長から『5人じゃ少ないだろ、10人にしなさい』と言われました」

つまり、担当の山岸さんからの提案以上に市長は積極的にインターンを受け入れることを決断してくれたのです。

私たちが受け入れたインターンは2種類で、一つは新潟県が行う「にいがたで『暮らす・働く』応援プロジェクト」、もう一つは公益社団法人中越防災安全推進機構ムラビト・デザインセンターが取り組む1年間のIターン留学「にいがたイナカレッジ」です。

十日町市地域おこし実行委員会は十日町市役所とともに1ヵ月間のインターン事業のコーディネート業務を請け負うことになりました。池谷集落だけではなく、広く十日町市内全域を対象としてインターンを受け入れる地域を掘り起こし、インターン希望者とのマッチングを行い、両者がうまくやれるようにコーディネートするのがわれわれの仕事です。

2012年度からコーディネート業務を開始したのですが、2012年度は3月に1名だけしかインターン希望者の受け入れがありませんでした。この1名は池谷集落で受け入れました。翌2013年度からは毎年10名前後の受け入れを行いましたが、2013年度にはほとんどのインターン生を池谷集落で受け入れました。行政からは「池谷集落ばかりで受け入れるのではなく、もっと他の地域にも調整してほしい」と言われたのですが、何せまだインターンシップ事業そのものが十日町市内に浸透していないので、他に受け入れたいという地域がなかなか出てきませんでした。しかしながら、毎年継続していると徐々にインターン事業の評判も広まってきて、受け入れたいという地域も増えてきました。

私は、公平・平等を意識しすぎるあまり、受け入れたいと思っていないところにインターン生を無理して送り込むよりも、最初のうちは多少偏っても積極的な地域にインターン生を受け入れてもらい、「インターン生っていいらしいぞ」と良いうわさを広げていくことで、地域から手を挙げてもらうような進め方をしたほうがよいと思っていました。まさにそのような進め方でうまく市内全域に広がってきています。インターンシップを経て十日町市に定住する人もかなり増えてきました。十日町市内の人と結婚して子どもを産んだ人もいます。このインターンシップ事業について、最初は私が直接受け入れに関する業務を担当していましたが、2016年度に引き継ぎ、私はほぼノータッチで事業が回る状態になりました。

加工品事業に着手

２０１３年度から池谷・入山の新たな取り組として加工品開発事業に着手しました。前々から池谷では「加工施設が集落にほしい」「加工品をつくって売り出そう」という声がありました。そこで、国の緊急雇用の助成金を得て、十日町市地域おこし実行委員会の職員を新たに採用し、本格的に取り組む運びとなったのです。

職員募集には数名の応募があり、そのなかから最終的に増田明弘さんを採用しました。増田さんは十日町市出身で、銀行業務や銀行のシステム設計・開発などの仕事に就いたあと、自然と共生する生活がしたいと考えて、求人に応募したそうです。採用にあたっては、人柄も見て判断したいと考えていましたので、増田さんにはインターン生として、２週間、池谷集落の高齢者の手伝いや農作業などをしてもらいました。結果、晴れて十日町市地域おこし実行委員会の職員として採用された増田さんは、加工品開発では、山清水米を原材料にしたレトルトパウチの白がゆを考案・商品化しました。続いて山菜ごはんの素、野菜がゆ、豚角煮大根など、レトルトパウチで賞味期限が長く、取り扱いやすい商品を次々

「山清水米」を原料としたレトルトパウチの白がゆ

と開発していきました。これらの商品は池谷集落や十日町市産の食材を使って、企業に委託加工してもらっています。白がゆは、東京の神社から大口受注が入るなど、販売も好調。原材料が米だけなので、自分たちで栽培したもので一年中対応でき、売れやすい価格に設定しても利益が出ます。一方で山菜ごはんの素や野菜がゆ、豚角煮大根については、材料を一部他から仕入れなければならず、年中調達できないため、材料費や加工費を考慮すると価格が高くなり、なかなか売れにくくなってしまいました。そこでこれらの商品は、現在は生産を中止しています。

とはいえ、加工についても実際に取り組んでみていろいろ見えてきたので、そこで学んだことを今後につなげていきたいと思います。

NPO法人として稲作を受け継ぐ

2014年春から、十日町市地域おこし実行委員会が組織として池谷集落内の田んぼを約1町歩借り、耕作することになりました。その田んぼは、前年は近隣集落の農家が管理することになっていましたが、現実問題として、この棚田地帯で自分の集落の田んぼを管理するだけでも大変なのに他の集落の田んぼまで管理するのは難しく、手が回っていない様子でした。そこで私たちから相談を持ちかけたところ、「池谷集落の人たちで管理してもらえるなら助かる」との返事をいただき、作業委託されることになりました。

田んぼの耕作にあたっては、農業機械を持つ必要があるので、2月に亡くなった庭野光郎さん（屋号：巾（はば））が所有していた機械を購入しました。光郎さんは、池谷集落出身で市内から通って稲作をしていました。また、盆踊りの際には音頭取りをしたり、池谷分校大同窓会では当初実行委員長を買って出たりするなど、集落を離れたとはいえ、集落の一員としての思いを強く持っていた方でした。

光郎さんが耕作していた田んぼは引き継ぐ人がいなかったため、NPO法人十日町市地域おこし実行委員会として耕作させてもらえないかご家族に相談しましたが、結局、別の集落の農業法人に任せられることになりました。ただ、光郎さんの中古農業機械を購入し、農作業小屋を貸してもらったことで、組織として稲作作業を受託できる環境を整えることができたのです。

春の作付けに向けて、3月には長岡の田んぼ名人の佐藤恒夫さんを招いて稲作勉強会を行いました。勉強会の内容を踏まえて肥料設計と年間の作業日程を組みました。耕作が始まると、NPO法人十日町市地域おこし実行委員会の山本さんを師匠に、私、当時のインターン生たちなど、若いメンバーが中心となって耕作しました。秋になると、集落の人も評価するほどの稲に育ちました。

2014年11月には正式に農業参入の手続きが完了し、晴れて十日町市地域おこし実行委員会は集落ぐるみの営農組織になりました。

池谷分校大同窓会

先に述べたとおり、池谷分校は１９８４（昭和59）年に最後の生徒が卒業して以来休校になっていましたが、中越地震をきっかけに十日町市地域おこし実行委員会が市より借り受け、ボランティアの活動拠点として再利用されています。数回に及ぶ改修を重ね、当初雨漏りもあってボロボロだった体育館も80名前後の集会が可能な多目的ホールに修復されました。現在ではＮＰＯ法人地域おこしの事務所も建物内にあります。

２０１４年2月、池谷分校大同窓会の開催を提案していた庭野光郎さんの急逝を受け、光郎さんの妹の曽根イミ子さんが「巾の父ちゃんの遺志を継ごう」と身近な関係者に呼びかけました。同窓会実行委員会はあっと言う間に出来上がり、「打ち合わせに集まるのが楽しい」と、そのたびごとに14～15名も集まる熱の入った会になりました。実行委員長に池谷集落の曽根一真さん（屋号：新屋敷）、幹事には焼野集落在住の庭野修さんと太子堂在住

76 名が参加した池谷分校大同窓会

の山本浩史さんが就き、準備を進めました。

生存し参加可能な卒業生の住所を調べ、その１７８名すべてに案内を届け、結果76名の出席がありました。開催されたのは２０１４年8月16日。当日は何十年ぶりの懐かしい交流の輪があちらこちらにでき、同窓会は大盛会となりました。また当日は来賓として関口芳史市長、尾身孝昭新潟県議会議員の参加もありました。

同窓会では「池谷・入山集落を離れた人たちに集落がこんなに変わったという様を見てもらおう」ということになり、実行委員長から地域おこしの取り組みを報告し、移住者を紹介することになりました。都合がつかない人もあって残念ながらわれわれ多田家のみの紹介になってしまいましたが、集落出身の方々と直接顔を合わせ、挨拶する機会を持つことができました。集落と十日町市地域おこし実行委員会が協力して地域おこしを進め、分校の改修も行っていたことが、池谷・入山集落始まって以来の大同窓会を成功させる原動力となりました。

集落の3年後を考える会

２０１０年の3月に行った「集落の5年後を考える会」からちょうど5年が過ぎた２０１５年3月、集落の人たちから「多田さん、もうあれから5年が経った。今度はまた3年後を考える会を開いてほしい」と頼まれました。そこで、３月28日に、集落の人たちや外から通ってくれている人たちと一緒に集まって、ワークショップを行い、池谷集落の将来像を描きました。

今度はより印象に残るようにキャッチコピーもつくろうということで、「笑顔と若さの楽園集落」というキャッチコピーもできました。

この話を震災復興と地域づくりの専門である中越防災安全推進機構の稲垣文彦さんにしたところ、「地域の人たちから『3年後を考える会』を開いてほしいと言われる集落なんて聞いたことがないですよ」と驚いていました。ちなみに、今回「5年後」ではなく、「3年後」になったのは、集落にはご高齢(80代前後)の方が多く、「あと5年先は自分自身がどうなっているかわからないけど、3年ぐらいは頑張れる」という理由でした(私としては、皆さんに100歳まで生きてもらえば、まだ20年近くあると思っていますが)。

この会の後、集落にある「民宿かくら」に移動し、ワークショップに参加した人たちで一緒に飲みました。このときもかなり盛り上がり、話は夜遅くまで尽きませんでした。

農業後継者育成住宅「めぶき」の建設

時間が少しさかのぼりますが、2014年から集落は新たな大事業に着手することになりました。新住民のための住宅(農山村就農研修施設)の建設です。集落の存続のためには、移住者のなかから新たな後継者をつくることが喫緊の課題です。ですが、集落には新たな住民が住める家がありません。冬期間に2～3メートルの雪が積もる豪雪地帯ですので、離村した人のほとんどが、集落に迷惑がかからないよう家を潰して出て行くためです。唯一集落に残っていた空き家が、現在私の家族が住んでいる家（屋号：中屋）だったのです。私の後に移住してきた可奈子さんと美佳さんは空き家がなかったため、池谷分校に住むことになりました。しかし、池谷分校は人の出入りが激しいためプライバシーの確保が難しく、一時的な寄宿舎としては使えても、長く住み続ける場所にはなりません。やはり新住民のために新しい家が必要だという話になっていました。

２０１３年の冬頃から議論を重ね、建設費は予算１０００万円（当初）とし、設計は可奈子さんの紹介で十日町市の若手設計士グループ「studio-H5」のメンバーに頼むことにしました。「studio-H5」の方々からは「自分たちでできる部分は、業者に頼らずにワークショップ形式でつくって、多くの人の手垢がつくようなやり方をしつつ、費用を抑えましょう」という提案があり、そのように進めることになりました。

建設地は池谷集会所の横です。当初別の場所を予定していましたが、登記上住宅を建設できないことがわかり（赤線といって市の土地が含まれていたため）、急遽この土地に変更しました。この土地には以前住宅が建っており、市外の方が購入し住んでいましたが、２００３年に離村しました。住宅は数年前に解体されたものの、土地はその方が保有していたため、池谷集落会として土地を購入しました。

この土地の購入にあたっても、すったもんだがありました。まずは、この土地の所有者の方は池谷集落の方々と折り合いが悪くなって出て行ったため、集落の方からは連絡を取ることができない状態でした。それでも集落の方が電話番号は知っていたので、私から電話をかけて連絡を取ることができました。

私とその方とは過去になんの接点もなかったので話はしやすかったのですが、実際に訪問する際には、自分一人では不安があったため、山本さんに同行していただきました。

実際に話をしてみると、所有者の方が家を買ったときには数百万円支払ったので、売る以上はそれなりの金額を支払ってほしいと主張します。山奥の更地ですから、現在の土地評価額からするとあり得ない金額です。ただ、池谷集落には水道が引かれておらず、集落の中心部にある溜め池から各家庭の水を引いており、水回りの工事が大がかりになることを考え合わせると、この土地が条件的によいので、結局200万円で土地を購入することになりました。

当初予算1000万円の建設費用のうち500万円はNPO法人十日町市地域おこし実行委員会と集落で捻出し、残り500万円は集落の支援者に寄付を募りました。集落の人からは「寄付なんて本当に集まるのか?」と懐疑的な意見も聞かれましたが、なんとこのとき、これまでずっと米を買ってくださっていたお客さんで長田延満さんという方が500万円を寄付してくれました。長田さんのおかげでこのプロジェクトの資金はなんとか目途が立ちました。

しかし、当初想定していなかった土地取得費用や建築資材の高騰もあり、さらにクラウドファンディングサービス「Readyfor」を利用し、100万円の寄付を募りました。結果、

１４８万６００円の寄付をいただきました。

新規住宅建設プロジェクトでは、本当に多くの方々から寄付をいただきました。池谷集落の存続が、ひいては日本全国の過疎地域の存続、また都市部の機能維持にもつながるとして、多くの方に共感いただいたからこそ、目標金額を超える寄付が集まったのだと思います。

助成金も一部活用しました。住宅の建材には曽根藤一郎さんが入山集落内に所有していた土地に植えた越後杉を利用したので、新潟県の「越後木づかい事業」として１８２万５０００円の助成を受けました。また、「十日町市新規ビジネス応援助成金」として１００万円を受けました。

新たな住民が池谷集落で芽吹き、育っていってくれるよう願いをこめて、新規住宅は「めぶき」と名付けられました。建設にあたっては、当初の計画どおり、自分たちができる作業はなるべく自分たちで行い、ワークショップ形式で多くのボランティアの方にも手伝っていただきました。２０１４年7月から建設が始まり、8月24日に上棟式、11月には外装が完成しました。２０１５年冬の間に内装工事を行い、２０１５年8月に本体が完成しました。

その後、建物前方に車が3台入る車庫をつくりました。この車庫は藤一郎さんの土地の杉の余りが「めぶき」の横に丸太の状態で積まれていたものを材料として使い、チェーンソー製材で柱をこしらえて、ＮＰＯ法人十日町市地域おこし実行委員会の男性陣の完全なセルフビルドで建てました。このとき、車庫のセルフビルドのやり方を教えてくれたのは、長野県阿智村の地域おこし協力隊ＯＢで、私が地域おこし協力隊の現役時代から交流のあった大藪（おおやぶ）政隆さんです。大藪さんはわざわざ池谷集落まで駆けつけて実地指導をしてくださいました。結局11月から車庫の工事を始めて12月24日に完成しました。2015年は12月に雪が積もるのが遅かったため、なんとか車庫づくりは本格的な積雪の前に終えることができました。

建物が完成するまで足掛け1年以上もかかりましたが、大勢の皆様からの応援と協力なくしてはあり得ませんでした。ワークショップ形式もまじえてなんとか「めぶき」が完成できたのは、協力いただいた皆様のお名前が記されています。

「めぶき」の建物の中には協力いただいた皆様のお名前が記されています。

「めぶき」にちなんでもう一つ書かせてもらうと、「studio-H5」のメンバーである佐藤幸治さんと可奈子さんが結婚し、2014年11月1日に池谷集落で結婚式を挙げました。幸治さんも可奈子さんの通い農業に協力し、池谷・入山集落の田んぼを夫婦で頑張って耕作しています。幸治さんが田んぼの作業をしていたときに、曽根武さんが田んぼで倒れているのを見つけ出し、救急車を呼んで事なきを得たということもありました。

インターン生が「めぶき」に住むように

2012年度からインターンの受け入れが開始されたことは前に書きました。十日町市全体で見ると、「にいがたイナカレッジ」と「にいがたで

「めぶき」の上棟式

『暮らす・働く』応援プロジェクト」を通じて受け入れを行った人数は、以下のようになります。

２０１２年度　のべ１名
２０１３年度　のべ13名
２０１４年度　のべ11名
２０１５年度　のべ11名
２０１６年度　のべ13名
２０１７年度　のべ10名

池谷集落では２０１２年度に１ヵ月間のインターンが１名来た後、２０１３年度は１年間を１名と１ヵ月間を７名、２週間を２名受け入れました。最初はインターンシップ事業を知っている集落や地域が少なく、池谷集落で直接インターン生の受け入れをしていましたが、徐々に他の集落にもこの事業のことを知っている人が増え、自分たちの集落でも受け入れたいというところが増えてきました。

そのため、２０１４年度は11名中池谷集落で直接受け入れたのは７ヵ月間が１名、１ヵ月間が１名でした。２０１５年度は11名中池谷集落で直接受け入れたのは１年間が１名、冬季２ヵ月間が１名でした。そして、２０１６年度は13名中、池谷集落では１年間のインターンを１名受け入れました。２０１７年度は10名中、池谷集落では１ヵ月間が１名でした。

インターン生のなかには、インターン期間が終了した後も引き続き十日町市内に残っている人も複数いて、私が把握しているだけでも15組18名（夫婦や彼氏・彼女連れの方もいます）の人たちがインターンを経て十日町に残っています。本書執筆時点で、池谷集落の「めぶき」にはインターン修了後に引き続き十日町市に残りたいという方が3名入居しています。

限界集落から奇跡の集落へ

「限界集落」と呼ばれ、２００４年の中越地震後には一時6世帯13名にまで住民が減り、高齢化率62％で子どもは1人もいなかった池谷集落は、地域おこしの活動によって後継者が現れ、子どもが生まれ、「限界集落」から脱出することができました。２０１８年9月末の時点で集落の人口は11世帯[*1]23名となり、高齢化率は39・1％まで下がり、年少人口（0～14歳）割合は26・1％と全国平均[*2]を上回りました。

この様子を見て、ある大学教授は「この集落は『奇跡の集落』だ」と賞賛しました。

２０１５年7月31日に三越劇場で開催された第17回棚田学会シンポジウムの際、山本さんの発表を聞いた棚田ネットワークの中島先生は「初めて会ったときは大勢の人前で挨拶できるような感じではなかった。そ

NPO法人地域おこしの山本浩史代表（中央）とめぶきの住人たち

れが今になってみればこんな大勢の前でとうとう挨拶をする。人は成長するもんですね」と言いました。

振り返ると、2010年に行った「集落の5年後を考える会」や2015年に行った「集落の3年後を考える会」で出たアイデアをいくつか実現することができました。

列挙してみると――

・分校の体育館を多目的ホールにする（2010年度に体育館を改修）。
・村全体を法人化する（2012年度にNPO法人化し、池谷集落の住民のうち、希望する人全員が理事になっている）。
・海外からも人が訪ねてくる。
・米は全部直販（山清水米は個人販売と米屋などへの直接出荷のみで、一部付き合いで出している方以外は農協への出荷はしていない）。
・集落営農（2014年度からNPO法人として作業委託実施、農業参入、2015年度からはNPO法人として農業部門メンバーを雇用し、農地を借りて耕作、2016年度には法人として認定農家になる）。
・加工品開発（加工所設立には至っていないが、白がゆを委託加工、池谷集落で栽培したサツマイモを日本農業実践学園で干し芋として委託加工）。
・若い移住者向け住宅の建設（「めぶき」が完成）。

・起業セミナー開催（起業支援の研修などを行う）。

池谷集落では移住者も増え子どもも生まれていますが、元々の集落の人たちの高齢化が進み、集落存続のためにはまだまだ課題が山積みです。

地域おこしの取り組みは一朝一夕でできるものではありません。何十年先を見据えて世代をつなぎつつ、集落を存続していく――これが昔から集落に住む人たちの願いです。

その取り組みを広く全国に発信していこうと、２０１７年４月に団体の名称をこれまでの「ＮＰＯ法人十日町市地域おこし実行委員会」から「ＮＰＯ法人地域おこし」に変更しました。名称変更の理由としては、十日町以外からも視察や研修の依頼を受けるようになり、名前に十日町をつけるのはふさわしくなくなってきたということがあります。元々、名前が長すぎて間違えられたり、書類を書くのに不便なことから、短くしたいという考えもありました。実行委員会というのも臨時の団体のような感じを与えるので、いっそのこと「十日町市」と「実行委員会」を両方取ってしまい、シンプルに「地域おこし」に改名しました。

２０１８年４月３日、長野県栄村の小滝集落の方々から、このような言葉をいただきました。

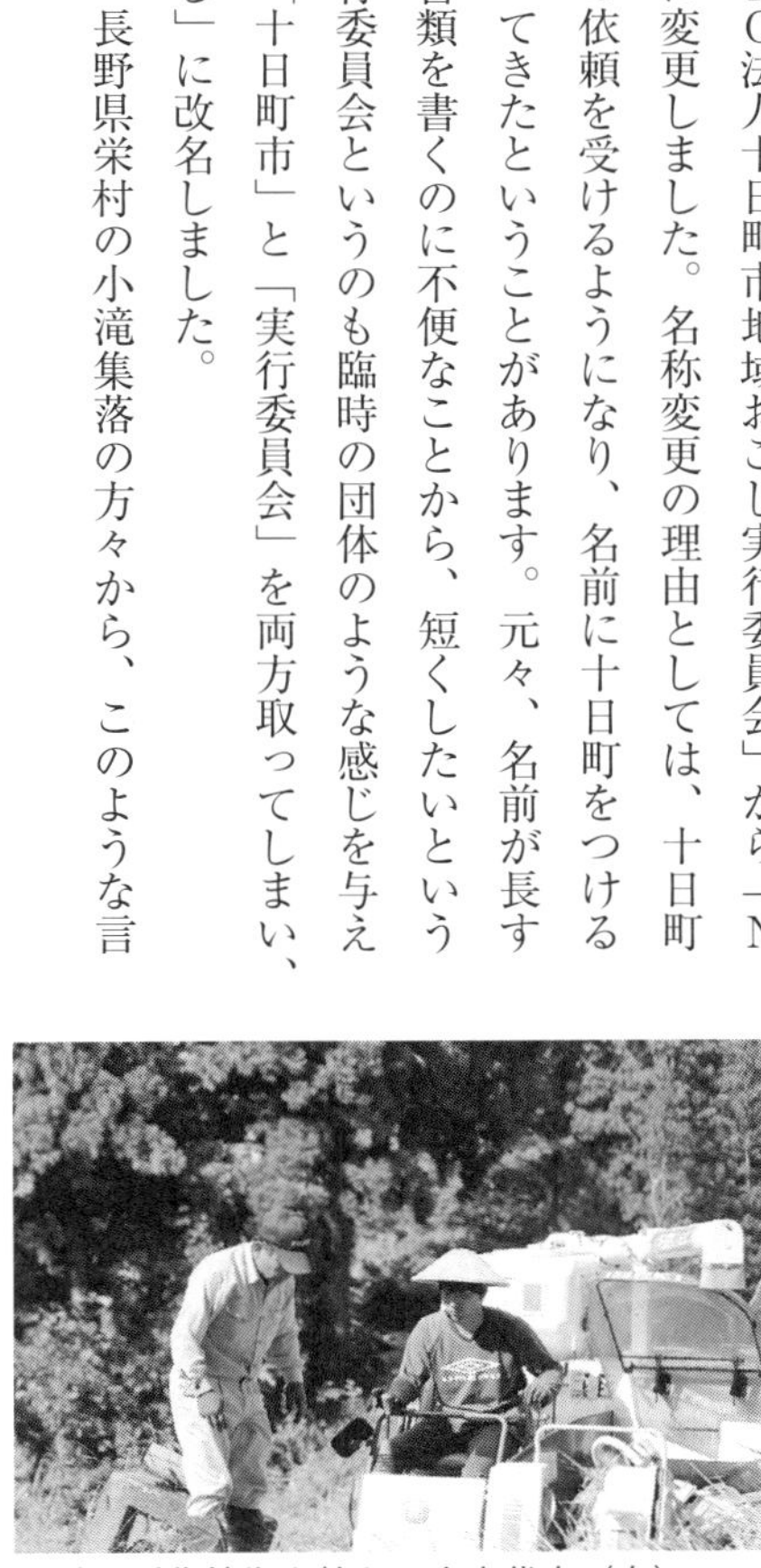

若手に稲作技術を教える山本代表（左）

「私たちは7年前の長野県北部地震で被災した後、池谷集落に視察に来ました。そのときに話を聞いて、いつも池谷集落を目標として頑張ってきました。今では集落ぐるみで会社をつくり、米の販売なども行っています」

長野県北部地震から7年目の節目を迎えて、わざわざ池谷集落に報告に来てくださいました。今では小滝集落も総務省の平成27年度ふるさとづくり大賞で団体表彰を受賞するまでになり、他の地域から参考例として講演依頼などもくるようになったそうです。

小滝集落の方も「自分たちが池谷集落にしてもらったように、他の集落の役に立ちたい」とおっしゃっています。これは、池谷集落の取り組みを発信し、集落存続の一つのモデルとして広げていくことが、一つの形として具体的になったと強く感じた出来事でした。

今後、このような形で自分たちの集落だけでなく、全国各地で似たような境遇の小さな集落が存続に向けて具体的に動き出すきっかけとなっていく――その連鎖の形が広がっていけばどんなにすばらしいことだろうと思います。

これからも足元の池谷集落の取り組みを地道に行いつつ、そこでの経験を踏まえて、「地方創生」が叫ばれ、日本社会の一つの課題にもなっている全国各地の活性化に向けて役に立つような情報を発信していきたいと思います。

＊1　「めぶき」に入った3人の独身者は住民票上、それぞれ別の単身世帯として扱う。
＊2　年少人口割合の全国平均は2016年で12・4％。

コラム

池谷に来るまでのすったもんだのこと

多田美紀

●強引な誘い

「盆踊りに行かへん?」

2009年の初夏、夫がまるでテーマパークにでも誘うかのように聞いてきました。聞けば新潟まで行くとのこと。近所の公園ならまだしも、なんで東京から新潟まで盆踊りに行かないといけないんだと思った私は、「あ、行かんとくわ」と即答しました。

そうすると、「え! なんで!? 30年振りやのに!」とものすごく驚いたように聞いてきます。私からしたら30年振りだろうと40年振りだろうと知ったこっちゃなく、行ったこともない山奥の集落の盆踊りにまるで興味は湧かなかったのですが(すみません)、あんまりしつこいので、「私は行くだけやから。準備は全部してね」と約束し、出かけてみることにしました。

ふだんは家族で出かける際、自分の支度以外はすべて私任せなのですが、このときばかりは夫はレンタカーの手配や準備を自らやり、意気揚々と出発しました。車の中で、「すっごいたくさん人が来るから」「めっちゃ楽しいよ」と心底楽しみにしている様子で話しかけてきましたが、私は「仕方なくついてきた」というスタンスを崩さず、「何がこの人をこんなに惹きつけているんだろうか」と不思議に思いながら、「へー、そうなん」と適当に聞き流していました。

夫はこの年の春から何度か農業の体験イベントに一人で池谷に通い、そのたびに「いやぁ、すごいところやった」とか、「楽しかったなぁ」というようなことを言いながら、目を輝かせて帰ってきていました。私はその頃1歳だった息子がもう少し大きくなったら農業体験に連れて行ってもいいかなくらいに思いながら話を聞いていました。後から思えばきっとこのイベントの交流会などで「今度家族を連れて来ます!!」とか私の承諾を得ぬまま発表し、一人で盆踊りに行くわけにはいかず必死になっていたのだと思います。まったく迷惑な話です。

●盆踊りで足を腫らす

そんなこんなで、「もうすぐ着くから」と言われてから、くねくねと坂道を上り、「この先に本当に集落なんてあるのか。なんかすごいところに連れてこられたな」と不安になった頃、家が見え始め、池谷分校に到着しました。

そこには私が想像していたよりもはるかに大勢の人がいて、皆で今晩の盆踊りの準備をしたりお昼ごはんを食べたりしていました。

「こんな山奥になんでこんなに人がいるのか」とびっくりしましたが、みんななんだか楽しそうで、「あぁ、こういうことか」と少しわかった気がしました。

「これ食べてみ」と手渡されたミニトマトや枝豆、トウモロコシは、どれもビックリするくらいのおいしさで、「今までに私が食べていたのはなんだったのか」と本当に衝撃でした。

盆踊りは地元の人や帰省中のお子さんやお孫さん、都会からの参加者の方で大にぎわいで、夜遅くまでまだまだ続きそうでしたが、名残惜しそうな夫を説得し、私たちは池谷を後にしました。

翌日、旅の心地よい疲れを感じながら目を覚まそうかと思ったら、何か違和感があり、見ると片方の足がパンパンに腫れていました。「ギャー、どうしたんだ」と思い、足を着くと痛くて歩けないので自転車に乗って近くの皮膚科に行きました。先生に診せると、「どこか行きましたか？」と言われたので、「新潟の山の奥に」というと、「あー、虫に刺されたんでしょうね。腫れる人いるんですよね」と言われ、そのときに初めてアブやブヨという虫の存在を知りました。

「やっぱり私は田舎には向いてないんやわ」私は確信し、家に戻りました。

●外堀を固められる

私の確信をよそに、夫は「池谷で地域おこし協力隊を受け入れるんやって！　3年間は国からお金がもらえるから、これを機に池谷に移住しよう！」と言い出しました。私は「地域おこし協力隊？　なんじゃそりゃ」と思い、「あぁ、またわけのわからんことを言い始めたぞ」と警戒しました。なんせ2年ほど前に本人が「やっぱりビジネスの中心は東京や！」と言って、今の会社に転職するため大阪から引っ越ししたばかりなのです。

妊娠中に東京で暮らし始めた私は、区の『プレママ学級』で知り合ったママたちと、出産後も毎日のように子育て支援センターや公園に遊びに行っていました。子育ての悩みを相談し合ったり、ランチをしたり、お花見やクリスマスパーティーをしたり、本当に楽しい日々を過ごしていたので、そうやすやすと「はい、わかりました」とはとても言えませんでした。

夫は、「協力隊の枠は一つしかないのに他の人が申し込んだらどうするんだ」と焦り、何が嫌(不安）なのかを聞いてきました。私は、「他の多くの池谷に通っているボランティアの人たちと同じように、『年に何度か通って交流したり、癒しやエネルギーをもらって、また都会での日常を頑張る』でよいではないか」「子育ての環境（小児科や保育園などまでの距離）の不安」「経済面の不安」などを挙げました。

このやり取りはなぜか会話ではなく、携帯電話のメールでした記憶があります。忘れましたが、話すのも嫌だったのかもしれません……。

夫は池谷の人たちにも相談したようで、「通うだけではやりたいことができない。代表の山本さんたちと本腰を入れて地域おこしに取り組みたい」「保育園には自分が送っていく」「集落でお米の販売をしているからその事務をしてほしい」と言われました。受け入れる協力隊の人のために空き家を改修中で、もうすぐ完成するから行ってみようと言われ、東京で嫌だ嫌だと言っていてもずっと平行線のままなので、10日ほど滞在しました。その終わりに集落の収穫祭があり、大々的に「集落に移住する（かもしれない）多田さん家族です!!」と紹介され、「いや、まだそんなつもりはありませーん」とは言えない状況になってしまいました。

うっかり外堀を固められてしまい、「うぬぬぬ、もはやこれまで」と負け戦を覚悟した武士のような心持ちで池谷に移り住むことに決めました。

●ふだん暮らすのは池谷のほうがいいな

決めたらもう悩む余裕もなく、私はそれまで車の運転免許を持っていなかったので託児所のある教習所に通い、引っ越しの準備に追われました。夫の前職の引き継ぎと、協力隊にその年度内に赴任しなければならない都合上、2月の始めの引っ越しになりました。東京で、「雪国？ 全然大丈夫です！」という言葉を信じて契約した引っ越しのトラックが猛吹雪で集落のふもとからまったく上がらず、集落の人の機転で除雪車に引っ張ってもらい、ベッドなどの大きな家具は積もった雪をのぼり2階の窓からこれまた集落の人が運び入れてくれました。よく「こんな雪の多いところに来たねぇ」と言われますが、「知らなかったから来られたんです」と答えています。冬に一度も来た

左から夫の多田朋孔、次男幸弘（2012 年生まれ）、長男和正（2007 年生まれ）、三男直史（2015 年生まれ）、筆者（多田美紀）

ことがなく、いきなり雪国に引っ越すなんてわれながら無謀だと思います。

この日から集落の人たちをはじめ、地域の方々、都会から支え応援してくださる多くの方にお世話になりっぱなしで丸8年が経過しました。私自身はいまだにあーだこーだ文句を言い、微塵も成長していませんが、2歳になったばかりだった息子は10歳になり、その下に2人息子が生まれました。身近に自然を感じ、採れたての旬の野菜が食べられる環境がありがたく、あんなに好きだった都会も「年に2~3回は行きたいけど、ふだんは池谷のほうがいいな」と思うようになりました。子どもたちが通っている小学校は全校11人と少ない学校ですが、ときどきはケンカやもめたりしながらも休み時間には全員で遊び、毎日楽しく通っています。毎年米づくりや畑の作業、自然環境学習など教室外での活動が多く、行事などで意見・感想を発表する機会が多いので自分の意見を堂々と言えるようになっていて、人前で話すのが苦手な私はうらやましく思って見ています。

これから子どもたちが大きくなるにつれて問題や悩みが出てくるかもしれませんが、その都度考え、ほどほどの勢いでもって対処していきたいと思っています。

ロングインタビュー

「あきらめ」の気持ちをどう乗り越えたか

山本浩史（NPO法人地域おこし代表理事）（1951（昭和26）年生まれ）

むらがなくなる過程をつぶさに見る

――山本さんは、池谷集落の隣の入山集落のご出身ですね。入山集落がなくなる前後のことを教えてください。

１９６０（昭和35）年、小学校３年生の頃、入山にはまだ15軒ありましたし、池谷には37軒ありました。その頃入山の子どもは池谷の子どもと一緒に池谷分校に通っていました。入学したときから１～３年一緒の複々式学級でした。３年生のとき同じ集落の１学年上の小４の女の子の家が入山から離村し、その後１軒また１軒と歯が抜けるように離村していきました。わが家と本家ともう１軒の３軒だけになってからがけっこう長くて、全戸離村した１９８９（平成元）年まで10年くらいはありましたかね。父は市政事務嘱託員を23年も務めることになり市から表彰されたことを記憶しています。

私は農業高校を出てすぐに就農しました。就農当時は父母と私の3人で米+葉タバコの専業農家でした。しかしその後、山村で農業一本の生活に不安を感じ始め、結婚もできないかもしれないなどと思うようになりました。友人の紹介で生コン会社に勤め始めて、兼業農家になりました。母は64歳のときに心筋梗塞で亡くなり、翌年看護師をしていた妻と結婚、父はけっこう長生きをして満95歳で亡くなりました。

私は一つのむらがなくなっていく過程をつぶさに見てきました。逆に言うと、むらがなくなる歴史の中に私の人生があったとも言えます。

山の中での農業は、はじめの頃はとても嫌で「農業高校なんかに行って失敗した」と思うこともありました。しかし、その頃から父と「田寄せ」(小さな数多くの田を重機でまとめる事業)に取り組んできましたが、車の行けなかったところに車の通る農道ができ、田の枚数も何分の1になり区画も大きくなるなど、苦労すればその分だけ面白味が出てくることもわかるようになってきました。

山の中のむらでの暮らしにはいろんな自然の恩恵があって楽しみがたくさんあり、それだけに愛着は人一倍あるつもりです。入山を出て十日町の平場に家を移してからも、入山の古い家に弁当を持って通っては農業をしたり、冬は道路の除雪がされないのでかんじきを履き歩いて行って家の雪下ろしもしてきました。そんな生活をしていたこともあって、私は山登りの会に参加するようになりました。

入山は池谷から軽トラで5分ほどのところにありますが、現在でも農地が全部で4・2haほどあって、「通い耕作者」が私を含めて5名います。うち3名は地域おこしの活動で移住した若者です。

1991（平成3）年に入山のわが家は一部を残して取り壊し、2・5間×3間の3階建て落雪式屋根の小さな山小屋を建てました。そんな折に父がお付き合いしていた農民連を通じて、稲田善樹さんという東京の日本画家が山の中で絵を描くアトリエを探している、山小屋を貸してもらえるなら暇なときには農作業も手伝うという話が持ち込まれました。稲田さんは「都会と農村を行き来しながら、農村を応援したい。それを絵で表現したい。そのために農村で描く場所を提供してほしい」というのです。私は建てて10年経たない小屋を稲田さんの住まい兼アトリエとして提供することにしました。

震災復興ではなく、むらの転換点に

——その稲田善樹さんとのつながりから中越地震後、国際NGOジェン（JEN）が池谷を支援するようになるわけですね？

そもそも稲田さんは農村の風景を描きながら疲弊した農村を活性化できないものか、という思いでここへ来たわけです。「圧倒的に多くの人口のある都会の人は農村のことを知らなすぎる」

「食料自給率4割を切るというのに肝心の農村では過疎だ」。稲田さんと私はそんなテーマで、お茶を飲み、酒を飲みながら、暇さえあれば口角泡を飛ばす勢いで議論を重ねていました。

そんな最中に中越地震を直接被災してしまったわけです。長年かけて父と築いた田も農道もズタズタに崩れてしまった有様に気落ちしていた私に父は、「もう田はあきらめたほうがいいぞ。体を壊してしまうから」と話していました。しかし稲田さんは以前からつながりのある国際NGOジェンに支援を要請することを思いついたのです。そして避難生活のテントの中から被災のルポと支援要請のメールを発信していました。数週間後、ジェンの木山啓子事務局長（当時）が現地視察に来てくれることになりました。入山の最も被災状況のひどい所を案内するなかで、「どんな支援ができるか考えます」と言ってくれました。また木山さんは十日町市の助役とも会い、市ボランティアセンターの調整にジェン職員の派遣をすることになります。

稲田さんは旧ユーゴスラビア内戦後の支援活動などを通じて以前からジェンとつながりがありました。ジェンが募集した中越地震翌年のスノーバスターズ（除雪ボランティア）のときは、私がいま住んでいる十日町市太子堂の集会所を拠点に活動していただきました。このときは3回企画して93名もの応募があり、参加者のアンケート回答も約85％の方が年間を通してボランティア活動を継続したいとのありがたい内容でした。これにはえらく感動しましたね。

その後木山さんから、「年間を通してボランティアを募集し派遣することを考えている。それも1年や2年ではなく数年以上継続したい」そこで、①ボランティアが自活できる拠点を探してほしい。②ボランティアを受け入れる地元組織を立ち上げてほしいと二つのことを要請されました。そこですぐに池谷分校が浮かんだのですね。池谷の人たちとは昔から知り合いだし、池谷ならなんとかなるだろうと思いました。ここなら入山と池谷や周辺の地域活性化につなげられるかもしれないと思い、もうここしかないと考えていました。そして、地元受け入れ組織については自分が先頭に立たなければと腹に決めていました。

そこでまず池谷分校をボランティアのために貸してほしいと、教育委員会にかけあったのですが、正直なところこのときの最初の反応は冷たかったですね。「どうせ短期間の活動で終わるだろう。そんなことのために市の財産を貸すことの意味がない」というわけです。しかし何度か足を運び「地域の将来を考えている」といって、ジェンのホームページを見せて本気さを知ってもらった。それで「市としてはカネは出せないからね」とクギを刺されたうえで、ようやく使用許可が下りたのです。

この頃から東京のジェンの事務所に行って直接打ち合わせをする機会も増えてきました。

ジェンが池谷分校を拠点とするにあたって、中越地震の震源（現長岡市山古志地区や川口町）に近く、被災がもっとひどい地区がたくさんあるのに、なぜ震源から離れた池谷分校をあえて拠点にするのかが問われました。このことでは木山さんと稲田さん、私の三人で幾度となく話し合いを重ねました。

その一つの理由として、木山さんによれば、ジェンはもともと他の支援の及ばないところを選んで入るようにしている、ということでした。
もう一つは、震災があろうとなかろうとこのままいけば池谷も入山と同じように消えていく運命をたどることは目に見えていましたから、単なる「震災からの復旧」ではなく、「消滅に向かうむらを変えるきっかけとなる活動」ができないかということです。それは池谷・入山だけではなく地域全体を、大きく言えば日本や社会を変えることにつながる。そんな大風呂敷を広げた活動を目指しましょうと衆議一致したわけです。単に「震災で大変だから助けてくれ」ということではないのです。この基本路線を明確にしたことは、その後の活動に大きく影響していると思います。
受け入れ団体については地元池谷・入山の人たちにお願いする。また団体の名称は差し当たり「十日町市地域おこし実行委員会」で行くことになりましたが、この仮称が２０１７年４月に「ＮＰＯ法人地域おこし」と名称変更するまで続きました。

――ボランティア受け入れについて、池谷の皆さんの最初の頃の反応はどうだったのですか？

実はこの時点ではまだ私は池谷の人とボランティアの受け入れについて何も相談していなかったのです。震災の翌年（２００５年）３月、ジェンの木山事務局長と海外部長の平野（敏夫）さんに来てもらい、池谷集会所で初めて説明会を開きました。その場で「実は分校を拠点にして池谷にボランティアを呼び込みたい」と初めて切り出しました。このとき、「その人たちに１

日いくら払えばいいんだい」という質問が出たことをよく覚えています。2泊3日で「参加費6500円、東京からの交通費を含めて2万円もかけて池谷までボランティアに来るような奇特な人なんているわけがない」というのがむらの人たちのとらえかただったのです。いろいろ話しているうちに、だんだんわかってもらって、「ジェンがそんなにここに来たいというなら、まあいい。何か問題が起きたら、山本が責任をとる。考えてみれば都会の人を呼びこんで、米でも売れたら損なことは一つもない。やらしてみたら」という話の流れになっていったのですね。

こうしてなんとかむらの人たちから了解を得ることができ、地元受け入れ団体「十日町市地域おこし実行委員会」の会員になってもらうことができました。

実際にボランティアの人たちが来ると、池谷の人たちの意識は大きく変わりましたね。ボランティアたちの「こんな良いところはない」「高齢でも頑張っている姿に元気をもらった、また来たい」などの感想にむらの人は、「都会の人は口がうまいからな」「一度来てそれで終わりだろう」と最初は信用していなかったのですが、ボランティアは1回限りでなく、本当にリピーターとして何度も池谷に来てくれた。彼らがうそをついていないことがだんだんわかってきたのです。そのうちに、「おらのうちに泊めてやる」というような個人的なつながりも生まれてきました。

事務局の人材を求めて「地域おこし協力隊」を構想

――特に農業研修生の籾山さんが来る前は、ボランティア受け入れの調整やら池谷・入山の地域おこしの事

務仕事が大変だったそうですね。

籾山さんは２００８年10月から、棚田ネットワーク代表の中島峰広先生から研修生として紹介され、池谷分校に住みながら分校の管理やボランティアの受け入れも手伝ってもらいました。私たちが初めて研修生として受け入れた方でもありますね。

その頃の私は朝飯前に入山の田んぼを見回って、生コン会社で大型ミキサー車を運転する。朝のうちに申告しておけば職場は定時で上がることができるので、退社後また入山の田んぼで農作業をして、夜は家で事務局の仕事です。ときには日付が変わって2時、3時ということもありましたね。

籾山さんが来て、それまで私がやっていた事務局の仕事のかなりの部分を引き受けてくれました。これは私には大変ありがたく、また地域おこしの活動にとってもとても大きかったですね。籾山さんは1年間の稲作中心の農業研修の予定でしたが、「短期に研修地が変わるよりはじっくりと地域に深く入ったほうが学ぶものもより大きい。次の研修で計画していた牛の放牧による耕作放棄地の開墾の実践もここでできるようなら、2年半の研修期間ずっとここにいたい」という相談を受けました。そこで入山で水源涵養林として植林された耕作放棄地を提供し、ここで黒毛和牛の放牧飼育をすることになりました。籾山さんは牛と放牧資材については県の助成制度で確保する申請を準備していました。実際放牧すると、牛が懐かしいと餌を持って見学に来る人がけっこういることに驚きました。

しかし籾山さんは研修後茨城に戻ることが決まっているので、その次の人材をどう確保するかが大きな課題で、むらの人たちからも「なんとしても籾山の次の人材を探せ」と言われていました。籾山さんと二人で知恵を出し合うなかで、「池谷・入山地域おこし協力隊」を公募しようという計画を考えて、「緑のふるさと協力隊」制度を参考にしながら地元の拠出金をどうするかなどと毎晩のように相談していました。

しかしちょうどその頃（２００９年3月）市総合政策課から、総務省が地域おこし協力隊という事業を始めたという情報が舞い込んだのです。しかも十日町市では初年度5名分の予算を組み、いずれ20名に増員するのが市長の考えとのことでした。そこで、情報を得た翌日すぐに市役所に行って池谷・入山にどうしても1枠ほしいと要請しました。ただ地域おこし協力隊も3年任期と聞き、3年後いなくなってしまうのでは困るので、「定住できる人に限定したい」との考えも伝えました。市担当者からは、「はじめから定住者に限るとはなかなかハードルが高いので、市も募集するが地元でも人材を探してください」また、「地域おこし協力隊員を受け入れるにあたり、住む家を確保してください」とも言われました。

ちょうど住まいについては、池谷分校の目の前の空き家（屋号：中屋）が改修の真っ最中でした。２００7年から地域復興デザイン策定支援事業に取り組んでいましたが、そのなかで、将来移住者を受け入れようとの方針を掲げており、そのための研修住宅として復興基金の助成を得ながら被災した空き家を買い求め、改修していたのです。

中越地震当日まで「中屋」に住んでいた方は、震災を機に認知症が進み介護施設に入ってしまいました。息子さんは東京の足立区に住んでいましたが、「むらおこしの事務所の目の前の家をぺしゃんこに潰すわけにはいかないので譲ってほしい」とかけあって購入することができたのです。他の集落に住みながら池谷に通うこともできるという話もありましたが、多田さんが中屋に住むことになって本当によかったです。将来の移住者を想定しての改修でしたが、工事が終わらないうちに地域おこし協力隊の受け入れ住宅として活用が決まったわけです。

入山の田んぼはすべて自分で直した

――他の集落の人である山本さんを池谷の皆さんがそこまで信頼するのはどうしてなんでしょう?

それはどうしてでしょう。まあ、昔からお互いよく知っているからとしかいえませんね。

私は入山を離れてからもずっと山の田んぼに通い続けてきました。若い頃は、蚊に食われるので虫よけスプレーが必需品でしたね。

さっき話したように、うちの父は「田寄せ」も自費でしたし、田んぼの暗渠（あんきょ）排水も山の木で粗朶（そだ）をつくってこしらえる人でした。山では道路だって、雪で崩れる、地震で崩れる、雨で流れる、そのたびに直す……その繰り返しです。でもその分だけ田んぼにも道路にも愛着が湧くというものです。

2001年でしたか、道普請だけでなくあまりに災害が多いので、思いきって中古のユンボを購入しました。コマツの５ｔクラスのポンコツユンボで50万円でした。

そんな時に震災が起きてしまったわけですが、土木業者は忙しくて田の復旧なんかに来る暇がないんです。そこで復興資金事業を活用して入山の田んぼもこの自家ユンボで直すことにしたのです。結局、入山じゅうの田んぼをほぼ全部私が直すことになりました。

自分の田は農道が崩れて通れなくて、２年間作付けできませんでした。会社に勤めながらですが、おかげで入山じゅうの田の修復に取り組むことができました。ユンボの操作はこんな仕事をしているうちに自然と習得しました。50万で購入したユンボでしたが、修理費に１５０万円ぐらいかかってしまい、儲けはほとんどなかったですね。

今自分の田の作付け面積は２・５haあって、山の田んぼが１・６ha、平場が０・９haほどあります。


――それにしても池谷、入山にはなぜこれほど若い人が集まるのでしょう。


それはちょっとしたきっかけであって、都会の側で農村を求めているのでしょう。

ただ、都会と農村が長く付き合い続けるためには双方向にメリットがあることが必要でしょうね。このむらが特別変わっているというわけではありません。

聞き書き　池谷の暮らし

戦後、中越地震までの暮らしとなりわい

●曽根 武さん、イミ子さん（屋号：津倉）の話
1936（昭和11）年／1937（昭和12）年生まれ

むらの封建的な空気を変えた若先生

うちは女房も俺も、元々池谷の出身。幼なじみというけど全然関心なかったんだよね。この人の親にまんまとだまされてしまったの（笑）。親父さんがむらで作業をやるときに、よく俺も一緒になったんだ。それで見込まれたんだか、「お前、俺んちに入ってくれ」って言われてさ。女房の兄貴からは「あんな野郎だめだ」って最初は猛反対されたんだけどね。俺が革新系の考え方だったもので。最後は仲良くなって、兄貴が死ぬまで一緒に酒飲んでたけどね。

というのも、俺たちが若い頃はここの集落がものすごく封建的だったのね。それで俺は憎まれながら、むらの上に立つ人に食ってかかってたんだ。戦後すぐの頃池谷は37軒の村だったが、経

済力によって上・中・下の三つに分かれてた。このうち「旦那様」とか「主立ち（おもだち）」と呼ばれるのは7軒。俺は下のほうだったから、そういう空気にはものすごく反発したんだよね。

だいたいね、子どものときから、お父さん、お母さんを呼ぶときの呼び名が違ってたんだからね。上は「おとと」「おかか」、中は「まぁ」「かっか」、下は「つぁ」「ちゃちゃ」。そんなときに革新的な考え方を持つ惣山欣一先生が池谷分校に赴任してきて、「これはだめだ。呼び方を統一しよう」って。でも俺たちは言い慣れないから、なかなか家に帰っても言えねえわけさね。

惣山先生は十日町の米屋のセガレで、この先生のおかげでむらの空気がだいぶ変わったね。俺が小学校に通っていた戦後すぐの頃、池谷分校の児童数は50名くらい。複々式で1～3年が女先生、4～6年は男先生が担任した。男先生の惣山先生は分校には子どもが運動する場所がないというので、重機もない時代に飛渡の青年団に手伝ってもらって手作業で切り崩して運動場をつくった。先生は頑張り屋で夜中でも一人で作業をしていたな。俺らが海を見たことがないと知って、小学生全員と中学校に通う池谷の生徒を柏崎の鯨波（くじらなみ）海岸まで海水浴に連れて行ってくれた。そりゃもう大興奮よ。

曽根武さんとイミ子さん

むらの上に立つ人たちは惣山先生は革新的すぎると反発したが、先生を支持する声もそれなりにあった。俺もそういう空気のなかで育ったから、若い頃はむらのなかで相当ケンカもした。だから女房はかわいそうだったのな。そのたびにむらの衆から白い目で見られたから。

その時代は集落の役だって中から下の人には回さないで、上の7人だけでグルグル回していた。農道一つ通すのでも、道路を舗装するのでも上の7人だけで相談して進めていく。こんなやり方じゃあどうしようもないと思った。それで「むらの役は全体の輪番制にすべきだ」と主張したら、「若いくせに生意気だ」と思われたのか、「そんなに言うなら、お前が嘱託（市政事務嘱託員）をやってみろ」と言われたら、「はい。やります」と言って1年間やった。やってみると、集落の行政の仕組みが見えてくるのね。上のほうが負担が軽く、下に重くかけられていたり。嘱託は大変な仕事だったが、なんとかやり通したので、「俺がやれるんだから、皆がやれるはずだ」と大きな声で言うことができて、それから嘱託は輪番制になったね。

中卒後、夏は農業、冬はあちこちへ出稼ぎに

●曽根藤一郎さん（屋号：橋場）の話　1936（昭和11）年生まれ

飛渡の本校（飛渡第一小学校）は2キロほど先にあって、中学（中条中学の分校）が併設されていた。小学校を卒業したら今度はそこに歩いて通った。冬の雪が深い頃は、大人がかんじきで

踏んで道をつけてそれに子どもがついていく。朝7時頃出ても9時か10時にしか着かない。それで火鉢にあたって、服を乾かして、それで飯を食ってもう帰ってくるんだから、勉強どころじゃないんだ。本校は15キロも先の中条にあるから春の入学式とか卒業式くらいしか行かなかった。

中学校を卒業すると、家の仕事を手伝っていたんだが、秋になるともう仕事がないから15歳から東京に出稼ぎに出た。それからずっと出稼ぎの生活が続いた。昭和20年代末から27歳で結婚する前、30年代にかけて（1926～1932年）だね。

出稼ぎの最初は両国の蔵前国技館のすぐ近くの炭屋であったな。それをふた冬くらいやったかな。何しろ自転車なんて乗ったことなかったから、向こうに行ってから一生懸命練習して、やっとこすっとこ乗れるようになった。炭を配達するのに使うからまず覚えろと言われて。炭俵に入った炭を火鉢に入る長さに切って、お客さんのところに配達する。それが仕事。もう真っ黒になるさ。他にここらの人が東京に出稼ぎに行ったのは、そば屋の出前とか煙突掃除とか。その当時は燃料が石炭だからね。春になると出稼ぎから皆が帰ってきて、「あっちが賃金がいい」「じゃあ今年はそっちへ行こう」とか、そういうような話になるわけですよ。

曽根藤一郎さん

炭屋の次は静岡のミカン畑だったな。その頃は体も強かったから、段々畑の急な坂を登ってミカンを収穫しましたよ。出稼ぎを受ける側でも、新潟の人は最初はどんくさいように見えるけれども長い目で見ると辛抱強いということで、ずいぶん重宝がられたんだね。

次は富山の造り酒屋。酒屋もなかなか上下の差があってつらかったけれども、おもしろかったね。杜氏（とうじ）さんは神様だから。その下に頭（かしら）がいて、その下に子分がいて習う。最初はごはんをよそったりみんなの世話するところをいちばん下っ端が全部やる。そういうことから始めて、順々に上がっていくわけだから。これもふた冬くらい行ったかな。

その後は、土方をやろうと黒部ダムに行った。そのときにはもうダムはもうできていたが、そこによそからもっと水を引こうということで発破をかけてだいぶトンネル掘りもやりましたよ。トンネルの中は冬でも暖かいからいいんだよ。ところが、いったん開通しちゃうととても寒い。トンネルの仕事は確かに危険だけどその分、賃金がよかったね。トンネル掘りの土方は富山だけでなく、こっちのほうでも信越線の掘削もやったな。

次が茅野（ちの）の寒天。これは賃金がよかった。そのかわり、11月から3月まで、寒いなかでの厳しい仕事だった。寒天屋も5、6年行ったかな。

出稼ぎの最後は自動車部品工場。埼玉の東松山市でディーゼル自動車の燃料を送る噴射ポンプをつくる流れ作業。これはなかなか慣れるまで容易じゃなかったよ。下手をすると自分のところに部品がたまってしまう。そうならないように頑張るわけだから。いやあこれは苦労した。その頃は景気がよくていくらつくっても間に合わない。寝ないで働くくらい。いくらでも残業ができた。いちばん強いのはやはり東北の連中だったな。ほとんど2～3時間しか寝ないで働く。給料もよくて当時で月50万円から60万円とっていた。賃金はそんなに高くないけど、残業残業で手当が出るから。休みはないし、夜勤はあるし金を使う暇がない。それがまたああゆうでかい会社になると失業保険がいいんだよ。11～4月まで6ヵ月働くと失業保険を受け取る権利ができる。

出稼ぎの収入を耕運機、籾摺り機、コンバイン、乾燥機といった稲作機械を買うのにつぎ込んだ。それでなんとか機械を揃えたんだ。農業だけで機械を買うなんて絶対できないからね。とにかく、農業だけでは現金収入が足りないので、他に何をして金をとろうかといつも考えてたね。まあ、なんでもやりましたよ。俺ほどいろんなところに出稼ぎに行ったのはいなかったんじゃないかなあ。

若い頃から稲作の勉強もしていて、山形の稲作名人の佐竹政一と片倉権次郎のところに視察に行ったりもした。疎植で後半型の稲作にこだわりがあり、平成に入るまで成苗で尺角（30㎝×30㎝）で手植えしていた。だから田植え機を入れたのはいちばん後。今は5条植えのヰセキの乗用田植え機を使ってるけど、坪37株に調整しているから、尺角植えといくらも変わらないし、深水管理にしている。

養蚕から葉タバコへ

●庭野 功さん、ヒサさん（屋号：隠居）の話
1939（昭和14）年／1940（昭和15）年生まれ

中学校を卒業して、最初の農業は米と養蚕。耕運機もまだなかったので鍬で起こしていた。耕運機が入ったのは昭和30年代前半だったかな。1962（昭和37）年に結婚したときには耕運機はあったたな。その10年くらい後にトラクターを入れたかな。

自分は三男坊だけれども、長男、二男は自分は農業に向かないからと、さっさと都会に出ちゃった。祖母は自分が生まれないうちに亡くなっていて、両親と祖父4人で米と養蚕をやってた。蚕は春夏秋、3回飼った。家の中に棚をかけて、居間も座敷も何もないの。結婚して3、4年後から葉タバコも始めた。蚕のエサになる桑と葉タバコは実はとても仲が悪い。葉タバコのニコチン分が桑の葉につくと蚕に害を与えるので、養蚕はよして葉タバコ1本に変わっていった。

種まきから仮植えできるような小さな苗までは農協でやる。3月末になったらそれを買ってきて、仮植えしたポットを温床の上に並べて畑に植えられるところまで育てる。温床をつくるときは、3月とは言っても多いときは3m近い雪をよけてハウスで作業する。あの頃は重機はおろかスノーダンプなんて気のきいたものもないから、スコップで掘ってた。温床は最初数年は踏み込み温床だったが、じきに電熱温床に変わったたな。

やあ、本当にえらかった。毎年同じ畑でつくっていたから、立枯病という連作障害が出て、それがやめる原因になった。土壌消毒をやってもあまり効き目はなかったね。まあ条件が悪いのか、腕が悪いのか、池谷集落は葉タバコの等級があまりよくなかったね。抜群に成績がいい人もいなかったし。面積は津倉が最高で1ヘクタールくらい、うちは70アールくらい。

夏の暑い頃、きれいな花が咲くんだけど、葉っぱに栄養がいくように花を摘む。高いところに咲く花を手を伸ばして花摘みするのが大変で。それから収穫となると、朝ごはんの前、5時頃からタバコの葉を掻く。葉と葉の間を歩いて、下の葉っぱから掻いていくんだけど、そのときにタバコのヤニがついて服が黒くなるのね。その葉っぱを縄に一枚一枚刺していって、ハウスの中に干すの。この「タバコ編み」が大変でさ。収穫のときは、集落の高校生をアルバイトに雇った。お盆だからって休みはなかったね。

なんだかんだと夫婦でけんかしながら20年以上栽培した。他にあたるところないから相手にあたるしかないわけさ。忙しくてさ。ついつい口げんかになっちゃう。それでタバコのことを「けんか草」なんて呼ぶ人もあったね。

庭野功さん、ヒサさん

冬場の仕事　茅野の工場で寒天づくり

●庭野 功さん（屋号：隠居）の話

ここらへんの人は冬場は長野の茅野に寒天づくりに行ってた。津倉が早くて、うちと橋場、新屋敷のおじいさんも行っていた。俺は早いほうだったかな。独身時代から行ってたから。除雪が入る前は、かんじきをはいて焼野まで歩いて、そこからバスで駅に出て、茅野へ向かったものだ。

寒天工場は長野の諏訪地方にあって、11月中頃から3月中頃まで操業する冬場だけの掘立て小屋のような工場だよ。「地紙世（じかみせ）」という会社で、宿舎も隣り合ってたが、食堂も寝室もみんな一緒のような感じだった。寒天工場では天草を煮て、その煮汁が固まったもの（生寒天）を、田んぼにワラを敷いたところに干す。そこを「庭」というんだが、庭に広げて凍って融けてを繰り返すなかでだんだん乾燥させる。厄介な仕事だよ。風が吹けば、舞ってしまうし。

釜場は二人に決まっていて、天草の煮汁が冷えるのを待って真夜中に起きて搾って諸蓋（もろぶた）に流し込んだり、それが固まるのを待って早朝から切って運んだりの作業をする。天草の煮汁を諸蓋に注ぎ、それがゼリー状に固まったものを包丁で切って庭に運ぶんだが、これがひどく重い。諸蓋1枚で15kgぐらいあったかなあ。それを3枚ずつ担いで庭に運んだ。ベテランで馬力がある人が諸蓋を肩にのせるのを専門にやって、それを6、7人の肩から肩へつないで庭まで運び出す。肩ははりくるったもんだ。そのうちに一輪車が出始めた。仮眠をとりながら夜通し作業して、昼も仮眠をとったりして、午後からまた煮る。そんな寝たり起きたりの繰り返しさ。最低1日10時間は働いたね。

重労働だがその分、お金にはなった。大工の日当とまではいかないけど、土方の日当よりはよかった。

中で煮る仕事で偉いのは「釜長」といって、煮るタイミングを見はからういちばん大事な仕事。それを表に干してからの責任者は「庭長」。津倉は「釜長」。俺は「釜長」にはなれなかったけれども、「庭長」は20年以上もやりましたよ。茅野あたりの冬は夜は零下10℃以下になって、日中は気温が上がる。羊羹状の生寒天が凍ると融けるを繰り返すうち水分がなくなって、風に舞うようなふわふわの寒天になっていく。この間、20日は夜の間も雪や雨が降らないか見てまわる。天候を見ながら、作業を指図するのが「庭長」の役目。雨でも降ろうものなら、田んぼいっぱいに広がった諸蓋を積み上げなければならない。

最初の頃は土日どころか、正月も休まず仕事をしていたからね。何年かして津倉が交渉して、正月は帰るようになったけど、大みそかに帰ってきて、正月2日には茅野に戻ったね。寒天組合でひと冬で80日とか90日というように操業日数を決めていて、それを達成するために競争で休むことなく働くわけだ。賃金は日給や月給ではなく、仕事が終わった時点で一時金で支払われた。それまでの間に小遣いがほしいときは前借りの形で支払われて、その分を差し引く。

この集落から5、6人は行ってたかなあ。同じ工場に十日町から15人くらいは行っていましたかね。自分がやめる頃は北海道から来るようになりましたね。体力の限界を感じて、60歳を境にしてやめたけど、俺はこのあたりで最後まで行った口かもしれんね。２００４年の中越地震の少し前まで行っていたから。

圃場整備の調整に苦労した

●曽根 武さん（屋号：津倉）の話

平成に入ってから、知り合いの市議を通して圃場整備事業の話がきた。たった5％の自己負担で返済は20年だという。それでも最初は半分くらいの家が反対していた。「20年もしたら子どもの代になる。田んぼの借金を子どもの代まで引きずりたくない」というわけさね。

市内でも参加しない集落もあるなかで、俺は「池谷の田んぼは農機具が楽に入るような田んぼじゃない。みんな命がけで機械を持っていくような田んぼだから、このままじゃどうしようもない。このまま圃場整備に参加しなければ、このむらの田んぼはみな休耕田になっていく。この際やろうじゃないか」と強く主張した。そしたら、「それならお前、工区長をやれ」と言われて、工区長になった。

いやあ工区長というのは本当に割に合わない仕事だよね。誰からも文句が出ないように取りまとめていかなければならない。池谷の田んぼの地権者は12軒あって、半分はむらの外に住んでいる。夜遅くまで説得に歩いてなんとかハンコを押してもらう。どうしても権利を持った人の所在がわからない土地については代理人を立てたりもして、なんとか全員にハンコをついてもらった。

そうやって圃場整備をやると決まった後も、細かく分かれた田んぼをまとめないと工事ができない。今度は、「俺の田んぼは元々日当たりのいい場所だったのが、日陰になった」とか、そういう不満がどんどん出てくる。そこに、東京電力の送電線の線下補償もからんでくるから、余計ややこしかった。いやああれには苦労したよ。

そこで12戸の田んぼ全部をいったん白地にして、農道や水路の配置を考えて、設計し直してもらい、最初の面積に合わせて配分し直したわけさ。そうすることで、それまでの「この田んぼは先祖伝来の土地だから」というような考え方から、「むらの田んぼは誰のものでもない。みんなのもの」という考え方に、むらの衆の考え方が変わってきたんだね。

長い時間をかけて圃場整備を進めて、やっと完成したのが2002年。ところが2004年の中越地震がきて、すっかり田んぼが壊れて、元の木阿弥さ。俺は「田んぼを直すお金を二重に払うことになって申し訳ない」と皆に謝ったんだ。幸いジェンとの付き合いなどから震災の復興資金が使えることがわかって、また5%負担で田んぼを直すことができた。

そうやって田んぼを整備をしておいたので、今では田んぼをやってくれと人に頼むこともしやすくなったのね。整備しなければ今頃は半分以上荒れてると思うな。

苦労してお客を開拓したサツマイモの振り売り

●曽根藤一郎さん（屋号：橋場）の話

世間の景気がよくなって、山間地で農業ということになると嫌われて、なかなか結婚相手を見つけるのは大変だったんだ。27～28歳で結婚しました。女房（2013年に亡くなったさき子さん）は農業をほとんど知らず、十日町の町場からこの山間地に来たんだから大変だったと思う。津倉は同じ集落同士だし、隠居は他の集落から嫁に来たけど山間地出身だったからある程度、気候やなんかは知っていたと思うから違うよね。

機屋（はたや）に勤めていたから、機織りはうまかったね。こっちに来てからも「出機（でばた）」といって機屋が下請けに出す。それを各家で持っている機械で織って工賃をもらう。そういうとき女房は人の倍は働いたね。ちょっとずば抜けていた。

結婚してからは俺も出稼ぎをやめて、冬の間家にいた。雪掘りは親父がやったから、俺は女房に負けないように機を織ろうと、機を織った。あれはまあ女の仕事でねえ。細かい仕事で苦労したんだよ。ここらは津倉も隠居も機は織らんかったけれども俺だけだったな、機織りをしたのは。

稲作だけではだめで葉タバコを15年くらいやったかな。葉タバコが減反減反でだめになってきてやめることになって、その畑をどうしようかということでサツマイモをつくることになった。

幸い妻は町場の出身でツテがあるから、そういうところに売り始めてね、それでけっこういい金をとったんだよ。振り売りというのはなかなか誰でもできることじゃないんだ。

最初は「イモなんて」って言われて、誰からも相手にされなかった。だから「私がつくったイモだから食ってみてくれ」とタダで置いていったんだそうだ。そして食ってみたらほくほくしてうまい。「このイモを食うと他のイモは食えない」と評判になり、それが友達が友達を呼ぶような感じで伝わっていった。俺がサツマイモを掘る、かあちゃんが売るという分担で、ひと秋に100万円くらいとった。品種は関東83号。味はいいが、立枯病など病気に弱い。

それは大変だったよ。9月のはじめから11月末頃までだから稲刈りと重なったから。そうかといって、収穫だけしておいて、時期が遅くなってから売るんじゃダメなんだよ。お客に早く食わせて、2度3度と買わせるようにしないといけない。

サツマイモというと終戦直後の代用食のイメージがあるが、実際に食ってみると甘くてうまい。特に女の人は喜ぶんだよね。今は可奈ちゃんが紅はるかをつくって干し芋づくりで頑張っているから、畑を貸して応援している。

コラム

池谷集落の中核、旧住民の底力

NPO法人棚田ネットワーク代表　中島峰広

●池谷集落との縁

十日町市池谷は、河岸段丘の平場にある市街地と魚沼市堀之内を結ぶ国道252号から山道に入り、丘陵を上りつめた標高300mのところにある集落。かつては池谷37戸と隣接する入山15戸が一緒になって集落を構成、小学校の分校まで持っていた。それが2004年10月中越地震の発生当時には入山は消滅、池谷に8戸、震災を契機にしてさらに2戸が転居、残り6世帯、高齢者を中心にした13名のみが誰にも知られることもなく、ひっそりと暮らしていた。

ところが、震災を契機にして復興を支援する人たちに接し集落は一変した。まず立ち上がったのが入山の住民で、集落の消滅後平場の市街地近くに転居、生コンのミキサー車を運転する兼業農家になり、通い耕作で池谷の住民と行動をともにするようになった山本浩史さんだ。山本さんは後にNPO法人地域おこしの代表理事になるが、通い耕作の拠点にしようと思ってつくった山小屋をアトリエにして使う日本画家稲田善樹さんに連れられ震災復興に関する会合などに出席、その過程で新潟市の講演会の折に私とも出会った。この縁で棚田ネットワークに紹介された日本農業実践学園の若い教員籾山旭太さんが米づくりの技術習得のため池谷に入り、2年以上に及ぶ研修期間を通じ、脳梗塞で倒れた農家をサポート、その働き振りに集落の人たちは外部からの支援のありがたさを自覚させられた。

さらに、稲田さんの紹介でＮＧＯのジェンにつながったことが、その後の池谷が大きく変わる要因になった。ジェンは国内での活動拠点として池谷をえらび、震災の翌年２００５年から本格的な支援に乗り出し、農作業や雪下ろしを助けるためにボランティアを送りこむことを始めた。これらの支援を通じ池谷の住民がいかに変わったかについて思い出す光景がある。作業に出かけるジェンの外人部隊を誘導するため、山本さんが発した「レッツ・ゴー」の掛け声には正直驚いた。新潟で会ったときの朴訥（ぼくとつ）とした印象からは想像できない変わりようであった。

●次々と若い来住者が

その後も、ジェンとのつながりで池谷を訪ねる人が続き、次に現れたのがＮＰＯ法人地域おこしの現事務局長多田朋孔さんだ。多田さんはコンサルの会社に勤めていたが、担当したジェンを通じて池谷を知り、現地を訪ねて山本さんに会って意気投合、大学で知り合った都会育ちの奥さんを説得、池谷への移住を決意した。幸いに十日町市の地域おこし協力隊に採用され、池谷担当となり、２０１０年２月から空き家だった屋号「中屋」で奥さんと2歳の長男との生活を始め、3年間の協力隊の任期終了後も池谷にとどまり、今やＮＰＯ法人地域おこしの中心的存在になっている。

多田さんの後を追うようにして同じジェンの紹介で東京の有名私立大学を卒業した二人の女性、

佐藤可奈子（旧姓坂下）さんと福嶋美佳（旧姓小佐田）さんが来村、廃校になった池谷分校を宿舎にして地域おこしで働き、後にそれぞれ十日町市の青年と結婚、現在は市街地に住み、可奈子さんは池谷でイネとサツマイモを栽培する通い耕作に従事、美佳さんは継続して地域おこしのスタッフとして働いている。

これら新住民に加え、さらに新しい来住者を迎え入れるのに大きな役割を果たしているのが農山村就農研修施設めぶきである。めぶきは自己資金のほか篤志家の寄付やクラウドファンディングなどで資金を確保、２０１５年８月に完成した宿泊施設。現在インターンシップを経た３名が入居している。このようにして、池谷は6世帯、住民13名の消滅寸前の集落から11世帯、住民23名の明るい展望を持った活力ある集落に変貌をとげたのである。

●出稼ぎを経て、こだわりの稲作に

しかし、ここで声を大にして言いたいのは変貌が新住民によってのみ成されたものではないということだ。消滅した入山の住民でありながら、ＮＰＯ法人地域おこしの代表理事山本さんのせめて池谷だけは残したいという強い思いから外部からの力の導入を図った行動、そしてその思いを支えた集落の中核ともいえる「屋号」で呼ばれる旧住民の底力を忘れてはならない。

ことに、旧住民のなかで「津倉」の曽根武さん、「橋場」の曽根藤一郎さん、「隠居」の庭野功さんの３人は、交代しながら集落長を務め池谷を支える屋台骨になった人たちと言える。３人は、除雪作業が行われず集落が孤立した冬季、出稼ぎにでかけた典型的な雪国越後の米作農民であった。炭屋、そば屋、蒲鉾工場などで出稼ぎを始め、最後は3人とも長野県茅野市の寒天工場に勤め出稼ぎを終えた。

その後は、年間を通して自宅にとどまり、棚田地域に多い20〜30aの水田で自給・縁故米のみを耕作する自給的農家ではなく、150a前後の水田でコシヒカリを栽培する専業の販売農家になった。しかも平場の水田農家と比べても遜色のない25馬力前後のトラクター、乗用5条田植機、乗用3条刈コンバインなどの機械類を所有。その上にコシヒカリを栽培するにしてもそれぞれに特別なこだわりを持っていた。たとえば、植え付けの株数は坪当たり「橋場」36株、「津倉」45株、「隠居」60株、施肥の時期や方法も最初と最後のV字型か真ん中のへの字型か違っていた。まさに米づくりのプロ中のプロと言える人たちだ。

これからの池谷は、新住民を中心としたNPO法人地域おこしが担うことになるであろう。その地域おこしでは経済的支柱として、コシヒカリのブランド米、「山清水米」の生産販売の確立を目指すという。そこでは当然旧住民の米づくりのプロとしての知恵と力が求められるであろう。したがって中核となる長老たちにはまだまだがんばってもらわねばならないのである。

第2部【ノウハウ編】

限界集落再生のポイント

ここでは、池谷集落での集落再生の経験をもとに、
地域おこしを進めるうえでのポイントを私なりにまとめてみます。
どこにでもある小さな集落での経験ですが、
それだけにきっと全国の中山間地域の集落の可能性に通じるはずです。

第1章　イベント単発型でなく、継続的に地域を発展させるには？

「地域おこし」の長期的なイメージを持つ

「地域おこし」という言葉はけっこう曖昧です。いったい何をすることが地域おこしなのでしょうか？

人が集まるイベントをする、特産品をつくる……いろいろあると思います。

これが正解という答えはないと思いますが、自分の中ではっきりと「これが自分たちの地域おこしである」というイメージを持つことが大切です。なぜなら、人間は自分がイメージできないことは実行できないからです。逆に、はっきりとしたイメージがあれば、たとえ時間がかかったとしてもそのイメージに少しずつ近づいていくことはできます。イメージを持たず、補助金が出るからといって一貫性のない取り組みをするといずれ疲弊してしまいます。

では、私の考える地域おこしの長期的なイメージはどういうものなのかをここで紹介します。全体像は図1をご覧いただきたいと思います。

外部の人でもいいから農地を引き継いでほしいという人が集落の多数派になる

池谷集落の例では、第一段階として「外部の人でもいいから農地などを継いでもらって集落を存続させたい」という共通認識が集落内にできたことがとても重要であったと思います。そうなるまでを分解すると、「強烈な危機感」があり、その後「外部との交流」が生まれ、結果として「集落の人たちが自分の集落に自信を持つ」という三つの段階がありました。

最初の「強烈な危機感」の部分では、まずは中越地

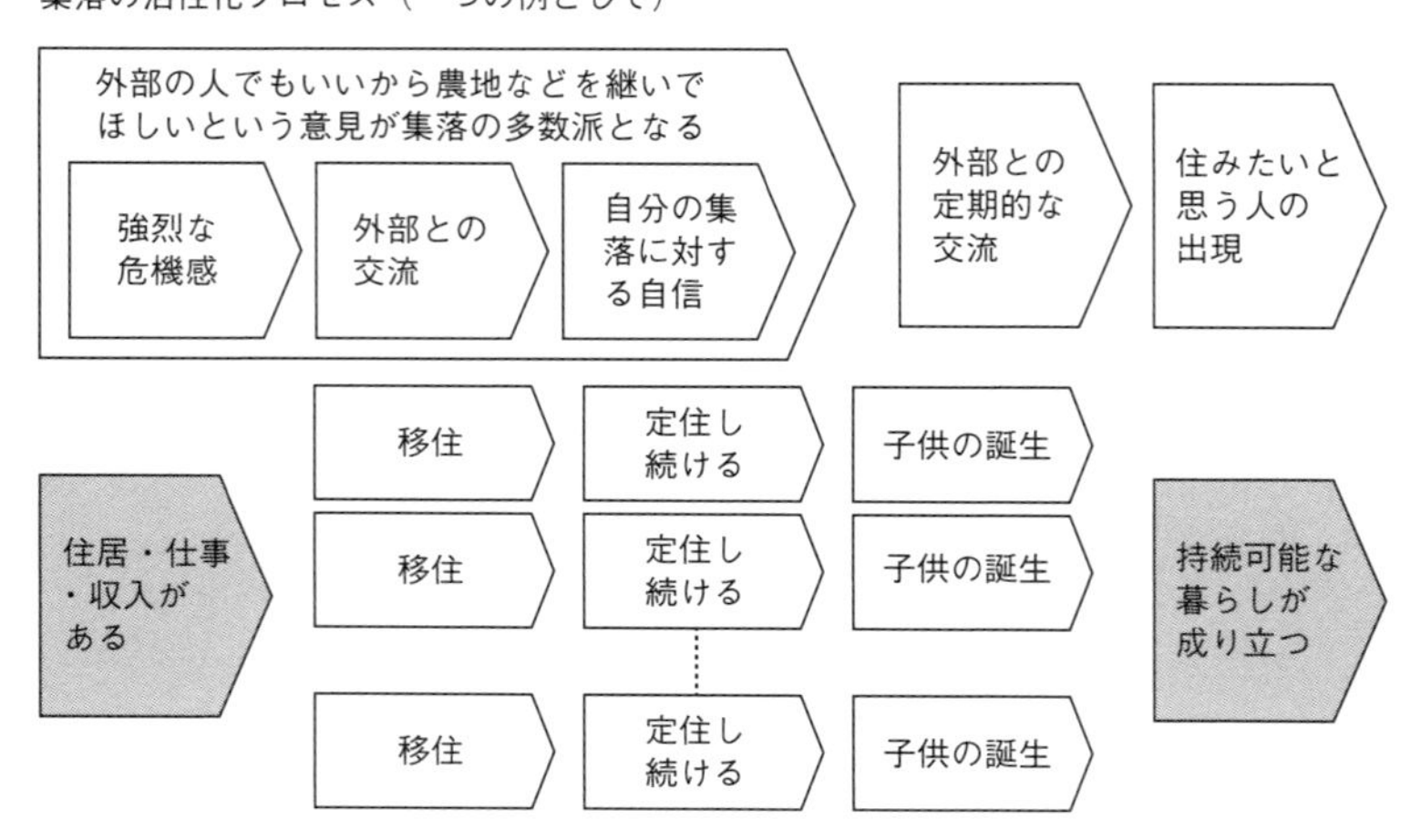

図1 「地域おこし」の長期的なイメージ

震によって、このままでは自分たちの代で集落は廃村になってしまうかもしれないというところまで追い詰められたことがそれにあたります。

ただ、危機感だけではあきらめにつながってしまいます。

中越地震の復興支援という形で外部から来るボランティアの人たちとの交流が、池谷集落の人たちの気持ちを前向きに変えました。都会から来る人たちは集落の人たちが当たり前だと思っていることに対して、池谷集落の良いところとして素直に感じたままほめることを繰り返しました。これにより、村の人たちは徐々に自分の集落に対する自信を取り戻していきました。

村の人たちは心の底では自分たちの集落が好きなのですが、高度経済成長の時代に自分の子供たちに対して「こんなところに残ってるんじゃなくて、勉強していい大学に入っていい会社に入りなさい」と都会にどんどんと送り出していった過去があります。（少なくも表向きには）「都会が上で農村は下」という認識を持っており、自分たちの集落のことを好きだとは素直に言えない状態になっていたのかもしれません。実際、道普請のときの休憩時間に、曽根藤一郎（屋号：橋場）さんから「池谷集落で育った人は根性がある。池谷集落から都会に出た人はみんな成功している。残ってるのはボンクラばっかりだが……」と言われたことがあります。この言葉を聞いて私は、集落の方々は本当は池谷集落に対して誇りを持っているにも関わらず、「残っている自分たちは都会に出た人に比べると劣っている」と考えているのではないかと感じました。

これは中山間地域に住む多くの人たちが共通して持っている感覚ではないかと私は思っていま

す。だから移住者が来ると、多くの田舎では決まって「よくこんな何もないところに来たな」と言われます。私が地域おこし協力隊の研修会で講師を務めたとき、そんなふうに言われたことがある人は手を挙げてください、と言ってみると、ほとんどの人が手を挙げます。ですので、都会から来た人たちが集落の良いところを繰り返しほめることはとても効果があります。地域おこしの手法として「地域の宝探し」という方法は確立した手法としていろんなところで活用されています。池谷集落でも「収穫祭」に合わせて中越復興市民会議の長崎さんが「宝探し」を提案して実施しました。このように、都会の人たちが集落をほめてくれることによって、初めて集落の人たちが自分たちの集落のいいところに気づくことを、明治大学の小田切徳美先生は「交流の鏡効果」という言葉で表しています。

都会の人が魅力を感じるポイントとして全国各地の農村で共通することには、大きく分けると二つあり、「自然の魅力」と「集落の人たち自身の魅力」だと思います。「自然の魅力」として、「星がきれい」「水がおいしい」「食べものがおいしい」「カエルが鳴いてる」などが挙げられます。「集落の人たち自身の魅力」としては、ゼンマイを乾燥させて保存食にしたり、ワラ細工をつくったりといった昔ながらの生活の知恵を、村の人たちが自然に身につけていることや、自然との共生する暮らしを通じて到達した人生観などが挙げられます。このような魅力を再確認することで村の人たちは、自分たちの集落に対しての自信を取り戻していきます。これが第一段階としてとても重要です。

オープンマインドな雰囲気が移住したい気持ちを呼び覚ます

外部の人との交流を通じて、集落のことをほめてもらい、自分たちの集落に対する自信を取り戻すと、むらの人たちのよそ者に対する警戒心は徐々に薄れ、外部の人に対してオープンになっていきます。これは池谷集落だけではなく、他でも同様に見られることです。たとえば十日町市では「大地の芸術祭」を２０００年から継続して開催していますが、山奥の集落でも「大地の芸術祭」を通じて「こへび隊」というボランティアを積極的に受け入れて交流事業を続けてきたところでは、都会から来る人を積極的に受け入れるキーパーソンがけっこういます。十日町市で地域おこし協力隊のような外部から来た人が比較的受け入れられやすい雰囲気ができているのも、こうした交流事業の受け入れが継続して行われてきたことが土台になっていると私は感じています。

そのような形で集落の人たちが楽しそうな雰囲気で外の人に対してオープンに接しつつ、「外部の人でもいいから農地などを継いでほしい」と公言するようになると、今度は「ここに住みたい」という人が出てきます。私自身もそうでしたし、私の翌年に移り住んだ佐藤可奈子さんや福嶋美佳さんもそうでした。逆に外から人が交流に来たとして、集落の雰囲気が暗くて閉鎖的であったとしたら、いくら交流事業を続けていたとしても「住みたい」という人はなかなか出てこないでしょう。

そして、「住みたい」という人が出てきて初めて「住居・仕事・収入」という要素が切実な課題になってきます。この順番がとても大切であると私は思います。そして、「住居・仕事・収入」があると「住みたい」と思う人は現実的に移住しやすくなります。妻が最初は反対するなか、私が仕事を辞めて家族を連れて池谷集落に移り住むことができた大きな要因も、「地域おこし協力隊」という制度ができて、住居と当面3年間の仕事と収入が確保されたことにありました。

移住した人もその後、定住し続けるかどうかはわかりません。地域おこし協力隊も3年間という任期があり、任期終了後に定住するかしないかは人それぞれです。ただ、そのような移住者が定住し続け、子どもが産まれる――そして、そういう人がどんどん増えていく。移住者のなかにはIターンもいれば、元々そこに住んでいた人の親族がUターンするケースもあるでしょう。ともかく限界集落というぐらいまで高齢化して人数が減ってしまっている集落の場合は、外から移住者を受け入れ、そういう人が地域に根づいて子どもが増えていくことの積み重ねが、長期的に見て集落の存続につながります。この一連の流れを形にすることこそ、私のイメージする「地域おこし」なのです。

私も池谷集落に移住してから子どもが2人産まれましたが、子どもが産まれたときに必ず地域の方から言われるのが、「(むらの中で）子供が産まれるのがいちばんの地域おこしだ」という言葉です。この言葉を聞いて、私の考える「地域おこし」のイメージは地域の人の考えと共通しているのだと感じました。

とかく地域おこしというと、イベントをするとか、特産品をつくるとか、古民家を改修するとか、そういう形に現れる事業に目が行きがちですが、あくまでもこれらは「手段」です。イベントは外部との交流の手段であり、特産品づくりは仕事・収入のための手段、古民家改修は住居や仕事・収入を生み出す施設を整備するという手段なのです。ところが、長期的なイメージを持たない場合、補助金がつくし、目に見えやすい実績になるからといって、先のことをよく考えずにこれらの取り組みに走りがちです。その場合、往々にして取り組みを行うこと自体が目的になってしまい、結果、逆に地域が疲弊することもよくあります。

長期的なイメージを持てば、地域おこしの段階に応じて、過去に行っていたことをやめるという決断ができます。ぜひ「地域おこし」の長期的なイメージ――自分たちの地域が長期的に何を目指すのか？――をまずは自分自身ではっきりとさせ、そして、そこに関わる人たちと共有してください。

自分が人生を懸けてもよいと思える信念がある

私は池谷集落での取り組みをライフワークとして続けていこうと考えています。昭和30年代には37世帯211名もいた池谷集落が何十年もかけて徐々に人口が減り、2009年には6世帯13

名になってしまいました。これまで何十年もかけて今の状態になっているものは、この先何十年もかけて新しい形をつくっていくことが必要だと思います。

私の家族にしても、今は一緒に暮らしていますが、子どもが成人してよそへ出て行って戻ってこないという可能性もないわけではありません。こうして本を書いてはいますが、今はまだ通過点であり、この先どうなっていくのかはわかりません。まだまだ挑戦中という状態です。ですが、自分の人生を懸けて、自分事として本気で取り組むことで、これから出てくる様々な困難にも打ち克つことができるのだと思います。

というのも、自分事として取り組むことで、自然とオーナーシップを持つことができます。誰かがなんとかしてくれるのを待つのではなく、自分が本気になって考えるようになります。オーナーシップを持つことで、うまくいかなかったときに他人や環境のせいにせず、「できない言い訳」ではなくて「どうやったらできるか」を考えるようになります。

このような信念を持った人がいない場合、地域おこしは形骸化します。

「補助金があるからこの事業をしましょう」

「よそでこんな事例があるので、この地域でもやりましょう」

「うまくいかなかったのは行政が悪い。コンサルタントが悪い」

誰も当事者意識を持って責任を取る人がおらず、形骸化した活動だけが行われる例を地域おこしに関わる人であれば一度は目にしたことがあるのではないでしょうか？

「ハコもの行政」が地方自治のあり方が批判される際の代名詞のようになっていますが、そこでも当事者意識を持った人がいないのがいちばんの問題であると私は思います。お金は税金で賄われて自分の懐はいたみませんし（元をたどれば納税者である自分のお金なのですが）、いざ建物を立てたり、事業を実施する段になると、行政やコンサルタントに任せっきりになってしまい、地域住民は誰も本気で取り組もうと思っていません。このような状態ではうまくいくわけがありません。

さすがに、地域住民全員が「自分の人生を懸けてもよい」と思うまでにはなるのは無理というものでしょうが、せめて何人かはそのくらいのつもりで取り組む人がいないと、何をやっても上滑りしてしまい、うまくいかないでしょう。自分事として取り組む人が同じ地域に3人ぐらいいれば、かなりいろんなことが前に向かって進むということを実感しています。

誤解がないように言い添えれば、自分事で取り組む人がいて、主体的に地域づくりが進められているのであれば、補助金や外部のコンサルタントを使うことを私は否定しません。池谷集落でも中越大震災復興基金をはじめとして補助金はけっこう活用してきましたし、中越復興市民会議やまちづくり学校など外部のコンサルタントの力も上手に活かして、事を進めてきました。山本さんの言葉で印象に残っているのは、「補助金やコンサルタントはこちらが戦略をもって使わないといけない」ということです。信念を持ったリーダーがいないと補助金やコンサルタントに逆に使われてしまいます。地域住民自らがしっかりとした信念と長期的な視点を持って主体的に取り組んでいるのとそうでないのとでは、表面的には同じようなことをしていたとしても、結果はまったく違ったものになるでしょう。

行政とのコミュニケーションを円滑にする方法

「地域おこし」は公的な要素も強いので、行政とうまく連携することがとても大切であると私は考えています。とはいえ、意外に地域の人と行政との関係がうまくいっていないケースが見られます。これはとてももったいないことです。そこで、行政とのコミュニケーションを円滑にするためのポイントを整理してみたいと思います。

行政とのコミュニケーションには三つの段階があります。

まず一つ目の段階は「問題提起」です。たとえば「こういう問題が発生したのでなんとかしてもらえませんか?」というのが問題提起です。この場合、行政側が解決方法を考えてくれる余裕はなかなかありません。というのも、多くの自治体では人員削減などにより、行政職員はかなり忙しい状態になっています。行政職員の多くは組織として指示されたこと以外に時間を割く余裕がないと考えたほうがよいでしょう。なかには非常に熱意があって組織として指示された以外のことでも自らの判断で積極的に取り組む人もいますが、平均的に見るとそうでない人のほうが多いのが現実です。

そこで、二つ目の段階として「提案」というコミュニケーションの取り方があります。これは、「こういう問題が発生したので、このような形で対応してもらえませんか？」と、具体的に解決方法をこちらから提案するということです。この場合、行政職員は忙しいのですが、組織としての優先順位次第では動いてもらうことができます。ただし、予算や承認の手続きが必要なので、すぐに動いてもらえるかといえばその限りではありませんが。

提案する際にも、口頭で漠然と伝えるのではなく、書面にしてそのとおりにやればいいというくらいまで具体的に提案したほうが相手も動きやすいものです。実際の例としては、実話編にも書きましたが、十日町市にインターンシップ受け入れ事業を提案したケースがとてもうまくいった事例なので、ここで改めて紹介したいと思います。

その頃、十日町市役所では「人口を増やす」というテーマで、市長が若手職員に対して「知恵出し会議」を行っていました。ちょうどこの年に新潟県では県の事業としてインターンシップ受け入れの取り組みを始めるところでした。県庁職員の方が池谷分校に来て、インターン事業について意見を求めてきたことは実話編でも書きましたが、そういう経緯で、私は新潟県でインターンシップ事業が始まるということを知っていました。そこで私は十日町市の担当の山岸さんに「県が始めるインターンシップ事業を十日町市で受け入れてみませんか？」と提案しました。「知恵出し会議」のテーマも知っていたので、「人口を増やすというところにつながりますよ」と。山岸さんは私が思っていたよりも迅速に県のインターンシップ受け入れ事業の申請書を書いて提出しました。山岸さんが申請にあたって市長に対して5人枠で提案したところ、市長からは「5人じゃ少ないだろう。10人にしなさい」と言われたことも前述のとおりです。

つまり、行政組織としての方針に合っていれば、こちらから提案した内容がすんなり通ることもあるのです。しかも担当の方が考えているよりも自治体が組織として積極的に動くこともあります。また、市町村の行政職員の場合、国や県の事業を市町村が活用するという形であれば、様式に記載して申請するという通常の手順の延長でできるので動きやすいということも、このケースでの対応の速さを見て感じました。

そして三段階目。ここまででもある程度は行政との関係が良くなってきましたが、さらに上の段階としては、提案したことを自ら「実行」する。たとえばこのインターンシップ事業では、「実際にインターンシップの希望者が来た場合に誰が対応するんですか?」と行政から問われたときに、「私（当時の十日町市地域おこし実行委員会）が対応します」と答える形で進めたのです。この場面で、もし、「誰が対応するかは行政のほうで探してもらえませんか?」と私が言ったとしたら、行政から「結局誰も対応できる人がいませんでした」と返された場合にインターンシップ事業が実施できなくなります。 提案して自ら実行することで、ようやく自分の思うような形で実現できます。そうした実績を積み重ねていくことで行政からも信頼されるようになり、新しい提案がやりやすくなっていきます。

行政は大きい組織なので、組織を動かすためにはこちらも口だけで動かすのでは無理だという前提に立つことが必要です。

守備範囲を決めない

行政との協働という形で取り組みをしていると、「それは行政の役割ではないか?」とか、「それは地域の人がやるべきことではないか?」というような言葉を返されることがあります。

また、行政の内部でも部署が違う人たちの間で「それは○○課の担当です」と、たらいまわしにされるということがあります。役所の職務分掌からすればそうなのかもしれませんが、そういう形で自分の守備範囲を厳密に決めると、結局は当事者不在の状況に陥ってしまいます。

今のままで問題がなければ誰も「地域おこし」をしようという話にはなりません。わざわざ「地域おこし」をしなければならないということは、この地域は今のままではダメなのでなんとかしなければならないという状況であるはずです。そんな危機的状況のなかでは、本来なら自分がやらなくてもいいことだったとしても、守備範囲を決めるのではなく、気づいたら積極的に行動し、お互いが守備範囲を広げて補い合っていく――セクショナリズムを打破することがとても大切だと思います。

なかなか話が通じない人とのコミュニケーション

いろんな人とコミュニケーションをとろうとすると、なかなか話が通じなくて意見が食い違う人が出てくることがあります。こういう場合にうまくコミュニケーションを進める方法があります。それは、双方が持っている情報をオープンにすることです。

情報には「自分が知っていて相手が知らない情報」「お互いに知っている情報」「自分は知らないけど相手が知っている情報」の3種類があります。お互いに持っている情報が違うと結論を出すための前提が違ってくるので、意見が合わなくても当然です。

たとえば、行政組織とのコミュニケーションの際には、担当者の後ろには課長や部長といった上司が控えていて、地域から要望が出てきても上司の決裁がないと対応できません。上司の上にはさらに首長がいますし、年4回開催される議会の承認を得ないと進められないことさえあります。

ところが、地域の人はこのような行政の意思決定の仕組みをきちんと把握してない人が多く、担当者に伝えた要望にすぐに反応がないと、「行政は対応が遅い」と言って腹を立てる人も少なくありません。逆に行政職員のなかには地域の人からの要望に対して現場を見に行かない人もいます。その場合、現場がどれほど深刻な状況であるかがよくわかっていないので、上司に報告しても説得力がなく、決裁が得られないということがあります。

双方が持っている情報がオープンになることで、相手の事情や状況がわかれば、もっと歩み寄って地域の現場がよくなるための取り組みが進むはずです。

「どうも話がかみ合わないな」というときには、「自分は知っているけど相手は知らない情報があるのではないか？」「自分は知らないけど相手は知っている情報があるのではないか？」という前提に立って、お互いが知っていることを確かめ合うと、コミュニケーションがスムーズに行くこともありますので、ぜひ試してみてください。

「地域おこし」という場合、大前提として地域の人も行政の人も「自分たちの地域を良くしたい」という共通の方向性がありますので、双方が持っている情報をオープンにさえすれば、地域の活動で何をすべきかということでの意見の食い違いは少なくなるはずです。

地域おこしの発展段階に応じた取り組み方

地域おこしをする際に自分の住む地域がどういう段階なのかを認識し、段階に応じた活動を進めることが大切です。

地域の発展段階は大きく次の5段階に分けることができます（図2）。

①地域おこしの関係者同士が仲良くなる

②小さな取り組みを行う
③取り組みの輪を広げる
④活動を組織化する
⑤持続可能な取り組みへと成長する

ここで大事なのは、自分たちの地域が5段階のどの段階にいるのかをきちんと認識し、成果を急いで途中の段階を飛ばさないことです。特に行政職員や地域おこし協力隊など、目に見える成果を急ぎがちになりそうな人は注意が必要です。自分が関わる人との間で、自分たちの地域が5段階のどの段階にいるかを共通認識にできると、途中の段階を飛ばさずに進められると思います。

明治大学の小田切徳美先生や中越防災安全推進機構の稲垣文彦さんは「足し算の支援」と「掛け算の支援」という言葉を使っていますが、これはイメージしやすい言葉だと思います。「足し算の支援」というのはマイナスの状態にある地域の人たちの雰囲気をプラスに持っていく取り組みのことです。たとえば、地域外の人が地域の宝を見つけて地域の人たちに

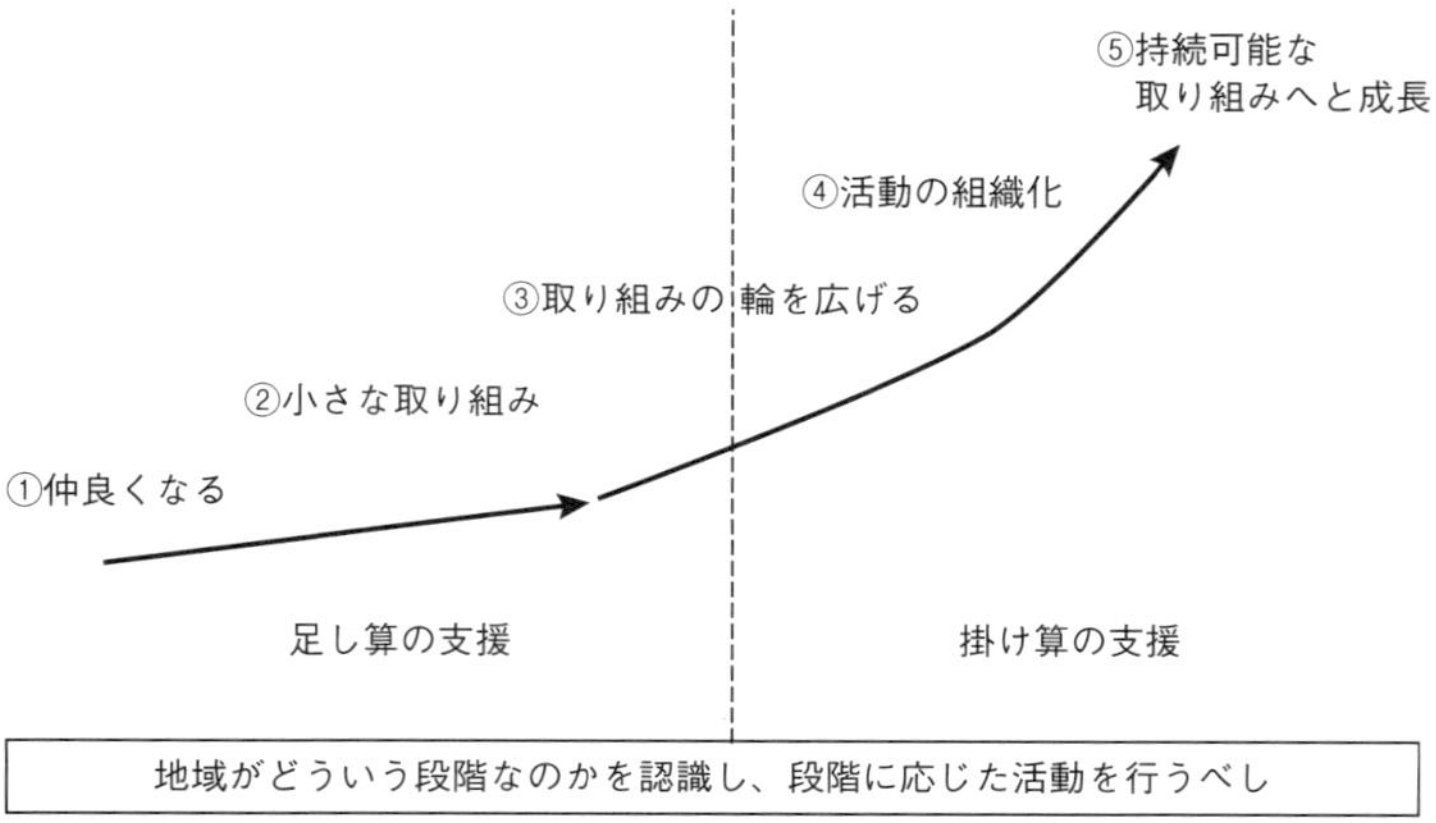

図２　地域の発展段階に応じた取り組み方

自信をつけてもらうような取り組みです。子連れで移住した人がいたとしたら、子どもがいるということだけでも十分「足し算の支援」の役割を果たしていると思います。

「掛け算の支援」というのは直売所をつくって販売活動を行ったり、加工品を特産化するというような組織的な目に見える活動になります。なぜ「足し算」「掛け算」という言葉を使うのかというと、地域の人の心理状態がマイナスの時点で掛け算をするとマイナスがどんどん大きくなっていって逆効果だから、まずはマイナスの心理状態をプラスに持っていくことが大切ですよ、ということからきています。

地域発展の5段階のなかで、足し算の支援にあたるのが①②③の段階になります。地域の雰囲気がプラスに転じるのが③の段階あたりになりますが、この段階を経て、ようやく地域で何か組織的な取り組みを行う④に進むとスムーズにいくものです。そして⑤のようにその後も持続可能な状態を目指します。

では①〜⑤の段階について、池谷集落に当てはめて、それぞれ具体的に見ていきたいと思います。

①地域おこしの関係者同士が仲良くなる

これは、池谷集落の例で言うと、ボランティアの人たちが集落の仕事をいろいろと手伝ったり、交流会をするなか、関係者同士が仲良くなっていった時期が当てはまります。

読者の方がどこか他の場所に出かけて地域おこしに関わる際には、地域の人と仲良くなることが最初の第一歩です。農村の高齢者の方は飲み会に付き合ってくれる人が好きです。私の場合は大学の応援団のときにかなり飲まされた経験があるので、その感覚で飲んで、飲み過ぎてつぶれたり、吐いたり、ついつい羽目を外してしまうこともありましたが、おかげでむらの人との距離が縮まった面もあります。というのも私は京都大学という偉そうな学歴があるので、一見すると「お高くとまっている」と思われてしまうこともあり、そういう状態のままだとなかなか打ちとけることができないので、自分の場合はお酒の席で適度に羽目を外すぐらいでちょうどよかったのかもしれません。

②小さな取り組みを行う

池谷では米の直販を小規模に始めたことがこれにあたります。また、集落の宝探しなどもここに当てはまるでしょう。池谷集落の場合は住民の人数が少ないのでまとまりやすかったですが、人数が多い地域だといきなり全体がまとまることはなかなかありません。というか、いきなり全体をまとめることは不可能だと思います。まずは取り組みに対して関心を持つ人、数人でもいいので、小さい単位で具体的な取り組みを始めてしまうことが大切です。農村の場合、口だけで説明してもなかなかわかってもらえないことが多いですが、実際に目に見える形になると理解を得られやすいものです。なので、最初は興味がある人だけで小さな取り組みをやってしまうことが大切だと思います。

③取り組みの輪を広げる

これは、②で小さく始めたことに徐々にたくさんの人が関わるようになっていくことを指しています。小さな取り組みでも長年続けていると実績が積み重なって「自分も仲間に入れてほしい」という人が増えてきます。池谷集落の場合は、最初はボランティアの受け入れから始まり、米の直販を小規模からスタートしたわけですが、これらの取り組みを継続していたところ、交流人口が増え、米の直販の販売量も増えていくなど、取り組みの輪が広がっていきました。また、農業研修生の籾山さんが加わり、私も地域おこし協力隊として移り住み、可奈子さん、美佳さんも移住してくるなど、池谷集落を拠点に関わる人も増えていきました。

④活動の組織化

これは池谷集落の場合で言うと、十日町市地域おこし実行委員会がＮＰＯ法人化し、ボランティアベースでの活動から、徐々に事業としての取り組みへと移行していったところを指します。地域おこしは公的な要素も強いので、収益性はそこまで高くないケースが多いと思います。ですので、この段階では補助金なども活用しながらうまく組織化を進めていくことになります。

⑤持続可能な取り組みへと成長

ボランティアというのはとてもいいことだと思うのですが、やはりボランティアだけでは地域おこしは続かないということを私は活動を通じて実感しています。これはボランティアを否定しているのではなく、現実として、池谷がジェンから自立した後、東日本大震災が発生してからは、これまでボランティアとして池谷集落に通っていた人も東北に行くようになりました。持続可能な取り組みに必要なのはボランティアとしての地域おこしではなく、平日の昼間に活動したらしっかりとその分の人件費が支払われるように、経済面で回っていく形に持っていくということです。そして、自分たちの後にめぶきに入居した3名のように、継続的に後に続く人を受け入れていき、若い人が子どもを増やしていくことだと思います。

活動を次世代に継承する観点

地域おこしにおいて、世代交代というのはとても重要な考え方です。意外とこれがうまくいっていないケースをあちこちで見聞きします。地域おこしに関わる各世代の特徴をとらえながら、活動を次世代に継承するという観点を持ち続けていくことが大切です。

そこで、私が見てきたなかで感じたそれぞれの年代の特徴を述べてみましょう。

70代：まだまだ元気だが1年ごとに体力の衰えを実感

70代の方は前半と後半でだいぶ状況は変わってくるという印象があります。

たとえば私が池谷集落に移住したときは、むらの人たちの多くが70代前半でした。まだまだお元気で、私が移住する前年に何度か「村おこしボランティア」で通っていたときには、都会から来た私が丸太を「重たい」と言って運ぶのに苦労していたのを尻目に、肩に丸太を担いで軽々と運んでいました。また、私の引っ越しの際には雪の降るなか、家具を家に運び込むのを手伝ってくださいました。

それが、70代後半になると、30kgの米袋を運ぶのも大変になり、「俺たちは1年増しでどんどん体力が衰えていく」とこぼす方も出てくるようになりました。

60代：経験豊富で、退職後であれば昼間の時間を使える

私の印象としては60代がいちばん地域おこしという面では活躍している方が多いと思います。60代といえば、定年退職を迎える年代ですが、農村に住む60代はまだまだ肉体的には元気で、たとえば山本浩史さんはユンボを使ったりして活躍しています。地域内での人脈も多く、経験も豊富なので、リーダーの即戦力として期待されています。退職後の方は比較的お金に困っておらず、時間もあるので、ボランティアで地域おこしの取り組みができます。

一方で60代のリーダーも年々年を取ります。彼らが70代後半になる前に次世代にバトンタッチすることはとても大切だと思います。

50代以下：仕事が忙しくて昼間の参加は無理

私が住み始めてから池谷集落には50代以下はほとんどいませんでしたが、周りの集落や十日町市内全域を見ると、50代以下の人もたくさん住んでいます。そして、直接会ってお話しすると、実は地域おこしに関して熱い気持ちを持っている方も少なくありません。

ですが、50代以下の世代は平日の昼間は基本的に生計を立てるために仕事をしています。休日

の行事などには参加できても、平日の昼間にたっぷりと時間を使って地域おこしの取り組みをすることはできない人がほとんどです。本当はこのような若い世代が前面に出ることができるとかなり大きな力になると感じています。

50代以下の人たちが地域のために働ける体制づくりが課題

私は池谷集落に移住して3年間は地域おこし協力隊として活動してきました。この期間は地域おこしを仕事として平日の昼間に存分に時間を使うことができ、直接的に収入を生まない活動でも地域で必要なことには時間を割くことができました。今は、NPO法人地域おこしの事務局長として同様な仕事を継続しています。NPO法人として、自分やスタッフの給料を賄うための収入を得る事業もやっていかないといけません。本来直接収入を生まないような公的な仕事については、行政からの委託事業として請け負い、NPO法人の収入の一つになっています。たとえば、地域おこし協力隊の運用のサポート業務や研修、ネットワーク会議の企画運営など。インターンシップ事業のコーディネートも、一人コーディネートするといくらという形で、行政からの委託を請けていました。

米の直販や加工品の販売は収益事業にあたり、売上から経費を引いた分がNPO法人の収入になります。

50代以下の人たちが仕事として地域おこしに時間を使えるようにするためには、公的な仕事と収益事業をうまく組み合わせて、きちんと給料が支払えるような仕組みをつくることが大切です。私の経験から、公的な仕事を請け負う場合の注意点を挙げておきます。

自治体が仕事を委託する場合、下請け型と専門家依頼型の2パターンがあります。

下請け型とは文字どおり、行政から安い金額、たとえば人件費単価であれば最低賃金から時給1000円台ぐらいの間で委託される仕事です。専門家依頼型とは、行政から専門家として認められた人が、時間単価数千円で委託を受ける仕事です。行政の委託の人件費単価の区分には「大学教授級」などの区分けがあります。また、新潟県がまとめたNPOと行政の協働マニュアルには、高度な専門性を必要とする業務に対しては「国土交通省業務委託等技術者単価」を適用することが書かれています。つまり、専門家として認められると時間単価がぐっと上がります。

NPO法人がある一つの自治体だけから仕事を請けている場合、大企業の下請けと変わらない状態になってしまい、自治体側が金額決定権を持つことになります。そうなると下請け型の価格で委託されてしまいます。人件費はアルバイトとほとんど変わらない水準であるうえに、雇用主となるNPO法人は社会保険料などを別途支払う必要があります。これでは実際に行政が提示する時間単価をそのまま職員に支払うと社会保険料分が赤字となってしまいます。そのため、下請け型の仕事ばかり受託していると、NPO法人は疲弊し、スタッフも長続きしなくなります。結果として、そのようなNPO法人にはノウハウがたまりにくくなり、仕事の質が高まらず、行政側も委託料をさらに安く抑えたくなるという悪循環に陥ってしまいます。
また、一つの自治体だけに依存した下請け型の場合、行政の方針の変更により、いきなりある年からそれまで行っていた事業がなくなってしまうこともあり、委託を受けるＮＰＯ法人側から見ると経営が安定しません。

地域おこしが全国各地できちんとした形で行われるためには、地域おこしに関する仕事の収入の水準を高めていくことが大切です。世の中お金だけではないとは私も思っていて、そう思ったからこそ給料が大幅に減ってもコンサルティング会社を辞めて池谷集落に移住してきたわけです。ただ、地域おこしの取り組みを仕事としながらも、子育てに必要な収入を得られるようにしないと、長く続けることは難しくなってきます。

誰でもその人固有のライフステージがあります。若くて独身の人と子どもがいる人では最低限生活に必要な収入額は違います。

なので、ＮＰＯ法人として公的な仕事をしながらそれなりの金額を請求するためには専門家依頼型もまじえて委託を受ける必要があります。その場合、複数の自治体を対象にすることで、こちらの提示する金額で断られるところもあれば、ＯＫが出るところも出てきます。こういう形になってくると、仕事の質が高ければ需要と供給の関係で徐々に見合った金額で行政からの委託の仕事を受けることができるようになります。

十分な人件費が得られれば、じっくりと時間をかけてその仕事に取り組むことができるので、おのずと質の高い仕事ができるようになるわけです。また、仕事に見合う収入が得られれば、スタッフも長く続けやすくなり、結果的にそのNPO法人にはノウハウが積み重ねられ、より質の高い仕事が組織的にできるようになります。

重要なのは、行政がNPO法人に委託するような仕事についても、市場経済の原理を取り入れることです。これからは、仕事として地域おこしに取り組む人が十分な収入が得られるような仕組みを、行政と地域の人が切磋琢磨しながらつくっていくことが必要になってくると考えます。

地域での子育て環境

私の妻は最初池谷集落に移住することに反対していましたが、今では「子育てする環境としてはここはいいところだ」と言います。自然がたくさん残っているのと、地域の人と学校の関係が近く、子どもたちは自然やいろんな世代の人と接する機会が都会に比べて多いと思います。

たとえば、私の長男の和正が通う飛渡第一小学校では、毎年7月に飛渡川で「川遊びと魚のつかみどり」をするのですが、この会は地域の「濃実会」という団体の全面的な協力によって運営されています。会の方は「自分が子どもの頃にやっていたことを今の子どもたちにも楽しんでもらいたい」と言って毎年協力してくれます。ユンボを使って大きな土嚢(どのう)袋を入れて川をせき止め、プールをつくったりと、かなり大がかりなことをしているのですが、子どもも大人も「川遊びと魚のつかみどり」を楽しみにしています。

また、私は農業をしていたり、薪ストーブを使っているので、子どもたちは私が農作物を収穫したり、薪を割る姿を自然と見ています。都会に住んでいると子どもは親の仕事している姿を見ることはほとんどありません。田舎に移り住んだ今の環境だと、見ているだけでなく、農業や薪割りを手伝ってもらうこともあります。正直あまり子育てに協力できていないので偉そうなことはとても言えないのですが、それでも子どもたちから見て私が何をしているのかがわかりやすいということは、比較的子どもといい関係をつくりやすい環境ではないかと思います。

印象的な出来事として、池谷集落で栽培したポップコーン用トウモロコシを家でフライパンで弾けさせて食べさせたところ、次男の幸弘から「パパのポップコーンは世界一おいしい」と言ってもらったことがありました。これは父親としてはとてもうれしかったですね。都会ではまず経験できないことではないでしょうか。

コラム

震災ボランティアから地域サポート人へ、そして地域サポート人が日本を救う

公益社団法人 中越防災安全推進機構 業務執行理事　稲垣文彦

図3の1．中越地震からの復興をご覧ください。中越地震（2004年）は、過疎化・高齢化が進む中山間地域を襲いました。この被災中山間地域の一つが本書で紹介された十日町市池谷集落です。被災集落では震災復興の取り組みが模索のなかで進められました。これらの取り組みから導き出されたのが「地域づくりの足し算と掛け算」の考え方です。本書では、これをさらに詳しく①地域おこしの関係者同士が仲良くなる、②小さな取り組みを行う、③取り組みの輪を広げる（①～③足し算の支援）、④活動の組織化、⑤持続可能な取り組みへの成長（④～⑤掛け算の支援）として紹介されています。

　池谷集落では、震災ボランティアが足し算の支援を行い、地域おこし協力隊、すなわち、多田朋孔さんが掛け算の支援を行い、そして任期終了後、多田さんは地域の住民として継続的な取り組みを行っています。この考え方を平時の地域おこしに応用したのが図3の

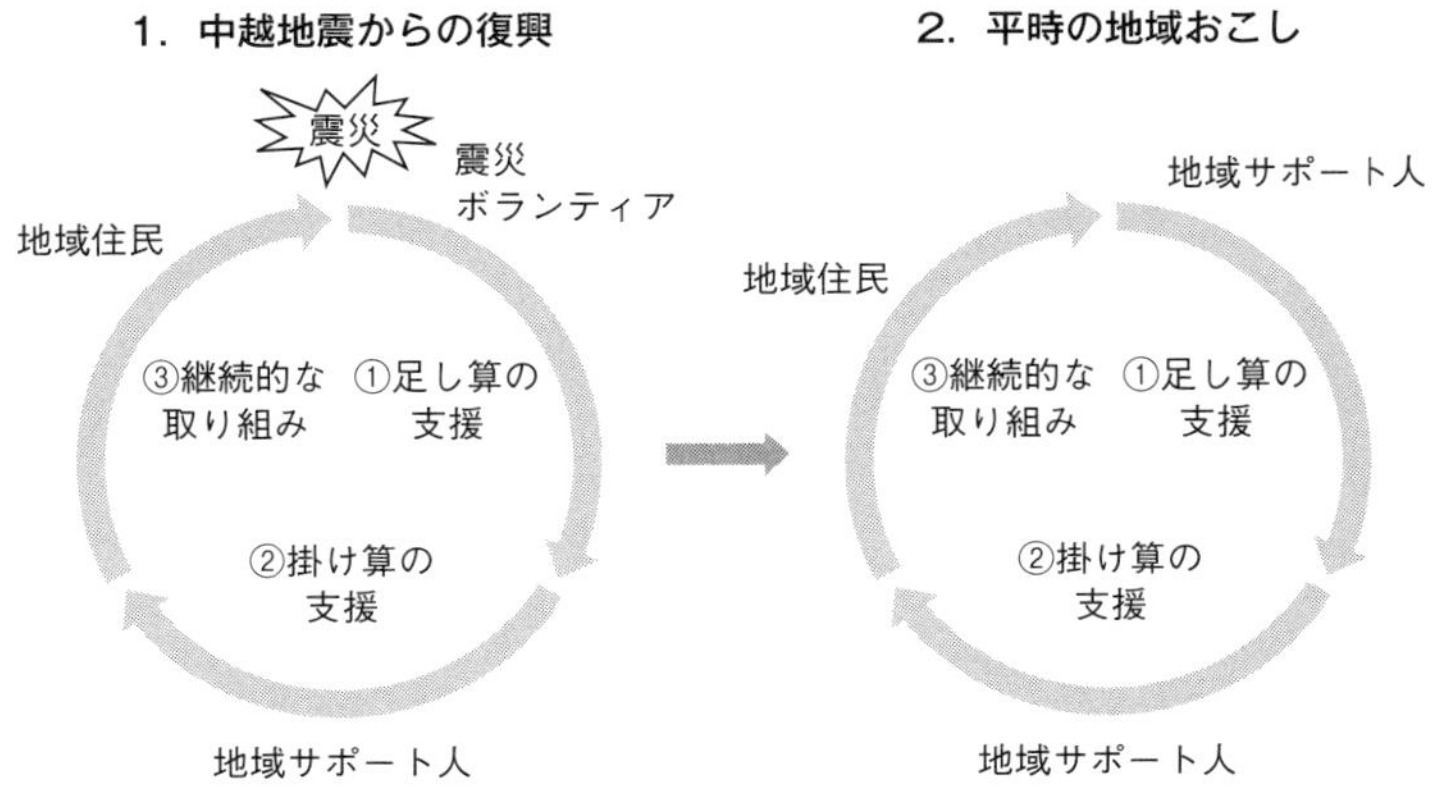

1．中越地震からの復興

震災
震災
ボランティア
地域住民
③継続的な
取り組み
①足し算の
支援
②掛け算の
支援
地域サポート人

2．平時の地域おこし

地域サポート人
地域住民
③継続的な
取り組み
①足し算の
支援
②掛け算の
支援
地域サポート人

図3　震災ボランティアから地域サポート人へ

2. となります。ここでは、ボランティアではなく、地域サポート人が地域に入り、足し算と掛け算の支援を行います。なお、集落支援員、地域おこし協力隊といった人（地域サポート人）を送り込んで地域をサポートする制度がつくられた背景には、この考え方があります。

さてここで、イメージトレーニングをしてみましょう。地域おこしを進めている地域に仮に災害が起きたとしましょう。この地域は、オープンになっていますし、キーパーソンもいます。また地域の目標の共通認識もできていますし、その共通認識をつくる過程で話し合いを繰り返していますから、住民同士の話し合いにも慣れています。加えて地域サポート人経験のある住民が住んでいます。このようなことを踏まえると、きっと災害が起きた直後の住民の助け合いもその後の地域復興の話し合いもスムーズに進むことでしょう。そして何よりもオープンになっている地域なので、外部の支援を抵抗なく受け入れます。このように考えると地域おこしの取り組みは究極の地域の防災活動とも言えるのです。

わが国では、今後、南海トラフ地震や首都直下地震が起きることが予測されています。この二つの地震は、わが国に甚大な被害を及ぼします。南海トラフ地震でいえば太平洋側の中部、近畿、四国、九州地方の沿岸部に、首都直下地震でいえば首都圏に甚大な被害を及ぼすといわれています。それではこの二つの地震では、先の地域おこしの取り組みはどのように活かされるでしょうか。またイメージトレーニングをしてみましょう。

南海トラフ地震でイメージすると、甚大な被害を受ける地域では、地域サポート人が早い頃から活躍していますし、その人数も他の地方に比べて多くいます。そこでは、すでに究極の地域の防災活動としての地域おこしが進められていますし、地域サポート人がすでに地域の住民として存在しています。この取り組みや人材が必ずや震災時に活きることでしょう。また、被災地方をいちばん近くでバックアップする中国地方にも多くの地域サポート人がいます。この人たちが必ずや活躍してくれることと思います。

次に首都直下地震でイメージすると全国各地で活躍する多くの人は、首都圏の出身、もしくは元在住者です。この人たちは、必ずや知人や友人を助けようとするはずです。物資を送る人、被災地に赴いて被災者支援をする人、そして、被災者を自らの住む地域に呼び寄せる人もいるでしょう。関東大震災（1923（大正12）年）では、多くの疎開者が出ました。生き残った人々が親戚や身寄りを頼り、地方に逃れてきたのです。そのときは、首都圏に住む人々は何かしら地方に親戚や身寄りがいたのです。しかし、現在では、首都圏に住む人々で地方に親戚や身寄りがいる人は当時に比べ少なくなっています。地域サポート人や周りの住民は、この人々を必ずや助けることでしょう。このように考えると地域おこしの取り組みは存亡の危機に陥った我が国を救う取り組みとも言えるのです。

震災ボランティアから地域サポート人へ、そして地域サポート人が日本を救うという全国、いや世界を巻き込んだ壮大な運動は、十日町市池谷集落の小さな一歩から始まったと言えるでしょう。そしてこの運動を進めてこられた背景には、ＮＰＯ法人地域おこしの「日本の過疎の成功モデルを示し日本や世界を元気にする」という考え方があったからと思います。あらためて池谷集落の小さな一歩に敬意を表したいと思います。

第2章　将来ビジョンをつくる際のポイント

目的・将来像・理念の関係

将来ビジョンをつくるにあたって、企業経営においてはよく「ミッション」「ビジョン」「バリュー」という言葉が使われています。

私はこれらについて、次のようなイメージを持って解釈をしています。

ミッション＝目的（常に追い求める使命）

ビジョン＝将来像（ある時点における具体的なイメージ）

バリュー＝理念（大切にしたい価値観）

この手の用語については、それぞれの言葉の解釈が正しいかどうかよりも、はっきりと自分の中で明確にしていること、また、関係する人としっかりと共有することのほうが大切であると思います。

ちなみにNPO法人地域おこしではそれぞれ、以下のように定めています。

ミッション＝目的

1．この法人は、十日町市内の池谷・入山集落において都会からの後継者の定住を促進し、持続可能な集落モデルを自ら体現している地域をつくり、全国に情報発信することを通じて、全国各地の過疎地の集落で農業の後継者を増やし、持続可能な生活スタイルを実現させ、都市部に対しても安心・安全な食料や再生可能エネルギーの供給を行うことで日本全体を持続可能な社会にすることに貢献することを目的とする。

2．持続可能な集落モデルとは以下のように考える。

（1）物理的に生活が成り立つ状態

（aある程度の現金収入とb生活に必要なものの循環・自給）

（2）お互いに顔が見える関係で助け合い、安心して楽しく生活ができる状態

ビジョン＝将来像

1．池谷・入山を存続させる

2．十日町を元気にする

3．日本の過疎の成功モデルを示し日本や世界を元気にする

これと、２０１０年につくった「5年後の池谷」や２０１５年につくった3年後の池谷「笑顔と若さの楽園集落」、２０１８年につくった3年後の池谷を模造紙に描いたものがビジョンにあたります。

バリュー＝理念

1. 池谷・入山地区の集落と農業の継続を実現しつつ、全国の過疎の集落が抱えている集落存続問題の成功例を示す。

2. 持続可能な新しい村づくりを実践し、循環型の社会モデルを目指し１００年持続させる展望を示す。

3. 地元住民だけでなく地域外の関係者も含めて、新しい村づくりを進める。

4. 相互扶助と心豊かな社会実現を目指す。

そしてこれを関係者に浸透させるために、理事会や総会では毎回上記の文章は資料に掲載して紹介しており、また、模造紙に描いたビジョンは集会所に貼って目につくようにしています。

まずは個人のビジョンを考えよう

このような形で地域や団体のビジョンを定める際には、まず個人のビジョンを先に考えておくとよいと思います。

そして個人のビジョンを一人で考える場合に大切だと思うポイントは以下のとおりです。

・正解はない
・具体的に目に浮かぶイメージを持つほどよい
・「どうせできっこない」と思わず大風呂敷で
・より多くの人が共感しやすいものであればあるほど、仲間・応援を得やすい
・本気で「やりたい」と思って取り組むと運を引き寄せる

これが正しいビジョンであるという正解はありません。ただ、文字だけで考えるのではなく、ビジョンと言うからにはビジュアルで目に浮かぶようなイメージをリアルに持てるほどよいと思います。「『地域おこし』の長期的なイメージを持つ」のところでも書きましたが、イメージの持つ力は大きいです。逆に自分がイメージできないことは実行することもできませんので、ぜひ想像力をかき立ててイメージを持つようにしてみてください。

このとき、全然イメージが思い浮かばないという人は世の中にすでにあるいろんな物事を知って、インプットを増やすことが大切です。「こういう人になりたい」とか「こういうことを成し遂げたい」ということを考える際には、「世の中にどんな人がいるのか?」「世の中は今どんな状態になっているか」を知ることで考える材料になります。そのためにはいろんなところに行っていろんな人と話をすることです。すると、情報量が増え、それまでの自分では思いもよらなかった「こうしたい」というものが出てくることもあるでしょう。

私が移住するきっかけは池谷集落で行われた田植えの体験イベントであり、そこで山本さんの話を聞いて感銘を受け、「これだ！」と思ったことでしたが、このような出会いによって人生は大きく変わります。とはいえ、時間的な制約もあると思いますので、いろんなところに行くかわりに本を読んで疑似体験をするのもよいと思います。

書店で買える本は、著者がこれまでの経験や研究を通じて学んだことを整理して書かれたものなので、ノウハウの宝庫です。また、編集者の目を通して第三者のチェックが入っているので、情報の信頼性も高いと言えます。そして、たくさん読んだ本のなかで、自分がやってみたい分野が見つかる可能性があります。本の場合は時空を超えて昔の人のことも知ることができるのはすばらしいと思います。

私は歴史小説や歴史漫画が好きでたくさん読んでいたのですが、歴史上の人物のなかで「こういう人になりたい」というモデル的な人物を何人か見つけました。そして、「その〝いいとこどり〟ができるといいな」なんて思っています。たとえば『項羽と劉邦』で出てくる劉邦のように将に将たる器を備え、私の名前の由来になっている『三国志』の諸葛亮孔明の「天下三分の計」のような大局的な目を持てるようになりたいとも願っています。また、パソコンとスマホの壁紙はチンギスハーンにしていますが、彼のように宗教や人種にこだわらず多様性を受け入れることができるようになりたいと思っています。

現時点でできていなくても、「どうせできっこない」と思わず、大風呂敷を広げることで、いくらでも可能性というものは広がっていくということを実感しています。池谷集落に移住する際に、会社を設立した友達に限界集落に移住して地域おこしをするという話をしたとき、「それは俺の会社が上場するよりも難しい挑戦だな」と言われました。それでも池谷集落の取り組みを通じて地域おこしの情報を発信し、全国各地の農村の問題を解決していくことにつながるような方向には一歩一歩進んでいます。自分で自分の可能性に蓋をしなければ、将来の可能性はどんどん広がっていきますので、この点はぜひご自身で試してみてください。

今のままではできないぐらいに高い目標を大風呂敷として広げた後は、今の自分でもちょっと頑張ればできることを細かい目標として積み重ね、一つひとつクリアしていくことが大切なポイントです。いきなり一足飛びに大きなことはできないものなので、細かい目標を立てないと、実際に取り組んでみて「やっぱりできない」とあきらめてしまうことになるかもしれません。

そして、この自分の思い描くビジョンはより多くの人が共感するようなものであるほど仲間・応援を得やすいということも感じています。おそらく、池谷集会所や「中屋」の改修、「めぶき」の建設で多くの方が寄付や手伝いをしてくださったのは、これらの取り組みが個人的な利益のためのものではなく、池谷集落の存続のために大切であると共感していただけたからではないかと思います。自分の会社だけ儲かればいいというのではなく、地域に貢献する取り組みのほうが、地域の人も応援しようと思うでしょう。「都会は違う、田舎のほうがいい」と都会と田舎を対立構造でとらえるのではなく、田舎と都会はつながっていて、都会に住む人にとっても田舎がよくなるとこういう恩恵があるというのが伝わると、都会の人からも共感してもらいやすいと思います。

自分一人の力でできることは限られています。大風呂敷で自分の可能性を広げたときに、それが実現できるかどうかは、どれだけ一緒に協力してくれる人がいるかに関わってきます。協力してくれる人が増えれば増えるほど、実現に近づくので、そういう意味でも、多くの人が共感するようなビジョンになっていることが大切です。

また、何よりも大事なのが、自分自身が本気でやりたいと思って取り組むことです。いくら周囲が応援したくなるような立派なビジョンを掲げていたとしても、それが本心からのものでなければ、徐々に「言ってることとやってることが違う」となってしまいます。極端な例としては理想的な事を言いながら信者を集めつつ、裏ではひどいことを行うカルト集団も実在しますので、ビジョンを掲げるのであれば、言行一致できるように本気でやりたいと思える内容にすべきであると思います。

また、この本気度が高ければ高いほど、アンテナが高くなって感度がよくなるので、普通の人が見逃すような日々の何気ないことに対しても見方が変わり、チャンスをつかみやすくなります。

ここでは、市役所の「職員知恵出し会議」の際の当時の地域おこし協力隊担当の山岸さんから隊員向けにアンケート調査が来たときの例がわかりやすいかと思いますので、やや詳しく経過を紹介します。

市役所の山岸さんからは以下のメールが十日町市の地域おこし協力隊全員にあてて送られてきました。

地域おこし協力隊　各位

お疲れ様です。

今、十日町市では「職員知恵出し会議」というものを行っています。

これは市役所の若手職員を中心にしたグループで、一つのテーマ（課題）に取り組むというものです。

私もこの会議のメンバーに入っていまして、我がグループでは今回のテーマ「十日町市の人口増加」に対して、いろいろな方からアンケートをとることになりました。

つきましては、アンケートを送りますので、ぜひご協力をお願いいたします。

ご協力いただける方はアンケートを記入の上、メールでご返信ください。

業務でもありませんし、強制でもありませんが、ご協力いただきますようお願い申し上げます。


通常であれば、地域おこし協力隊員はアンケートに回答するだけで終わるところですが、私は以下のように山岸さんに返信をしました。

山岸様

いつもお世話になっております。

このアンケートに関しまして、先日地域おこし協力隊の会合で話をし、自分たちも有志のメンバーで「知恵出し会議」に参加させてもらえないかという話をしました。

地域おこし協力隊は市の嘱託職員ということで、以下のような点で役に立てると考えております。

・現在市内各地にまんべんなく配置されており、各地区の現場の状況を知っている

・実際に都会から移住してきたという経験があるため、アンケートだけでは書ききれないようなとても有益な情報提供が今後もできる

地域おこし協力隊が市長の肝いり事業であるのでしたら、「十日町市の人口増加」というテーマにおいて会議も参加させていただければ、地域おこし協力隊をより有効活用できると思います。

ぜひご検討のほど、よろしくお願いいたします。

すると、山岸さんは快く対応してくれました。

私からは、次のようなメールを他の地域おこし協力隊員に2通続けて送りました。

十日町市地域おこし協力隊の皆様

先日の打ち合わせにて、「人口増やす分科会」をつくることになり、私が幹事をさせていただくことになりました。

さっそく担当の山岸さんに以下のメール（※私から山岸さんに返信したメールのこと）を出しました。

興味がある人は分科会に参加する旨を私までご連絡いただければと思います。

皆で十日町市をよくしていくために建設的に動いていきましょう！

よろしくお願いいたします。

多田

皆様

補足しますと、今回の分科会は「人口を増やす」というテーマで知恵出し会議に参加させていただくということをきっかけとして、今後十日町市をよりよい市にするために幅広く政策提案をしていくことを見据えて活動をしていこうと考えています。

せっかく17人もいる地域おこし協力隊がバラバラに活動しているだけではあまりにももったいないと思っていて、何か共通の目的を持ってできることはないかと常々思っていましたが、本分科会は地域おこし協力隊がバラバラの地区で活動していることがかえって活きてくると思います。

当面の活動としては、以下を行うことになると考えております。
①知恵出し会議に参加させてもらえるように働きかける
②知恵出し会議に参加して提案するための準備を行う
③知恵出し会議に参加して提案
本分科会ではあくまでも行政の批判ではなく、建設的な提案をする会としていきたいと考えておりますので、賛同していただける方は分科会への参加表明をお待ちしております。

よろしくお願いいたします。


このように、自分が本気で取り組みたいことを意識してアンテナを高くして行動すると、1通目のメールに対して、普通はアンケートを回答して終わるところが、他の地域おこし協力隊の人も巻き込んで、市役所に対して会議への参加を提案することもできるわけです。そしていくつか市役所に提案したうちの一つが、実話編でも紹介したインターン事業です。たまたま県がインターン事業を始めようとしたタイミングと重なっていたこともあり、正直運がよかったという面もあります。ただ運というのは、ただ待つものではなく、自らアンテナを立てて運を引き込んでいるのではないかとも思っています。

大勢で集まってワークショップをする場合の留意点

「自分事」として考える

私が地域外から来た人間として感じるところは、むらの人たちのなかには自分たちの住んでいる地域を良くしたいという想いを持っている人が少なくないということです。このような故郷への愛着は都会に住む人に比べて地方の人たちのほうが強いと思います。ですが、なかなかそういう想いをみんなで話し合う機会が持てないのが現状です。「将来自分たちの地域をこんなふうにしたい！」ということをそれぞれに語り合い、地域の人たちの思いを引き出しながら「地域の将来ビジョン」を一緒に創る場をワークショップという形で上手に持つことができると、大きな力になります。

大勢で集まってワークショップをする際には、参加する人個々人が自分事として臨むことがとても大切であると思います。誰かがやってくれるだろうというふうに皆が思ってしまうと、誰もやってくれなかったということになりかねません。地域おこしの取り組みにおいては、意外と当事者不在というケースがありますので、一人ひとりが自分事として考えてほしいと思います。だから、まずは個人のビジョンを考えるというのを先に書かせてもらいました。

自分事になっている人が多ければ多いほど、ビジョンを創った後の実行段階で実際に動く人が増えます。ビジョンを創るときは盛り上がってすごくいい雰囲気になってビジョンを創り上げたけれど、いざ実行段階になると、皆「忙しい」と言って止まってしまい、「絵に描いた餅」になるというケースもよくあります。自分事になっている人がいなかったら、このようになってしまうのです。

自分事として地域のビジョンをつくる場合は、地域のためになることでやったほうがいいと思われることを挙げるよりも、自分が本当にやりたいと思っていることで結果的に地域にもプラスになるということを挙げるほうが、いざ行動に移す際に自分自身のモチベーションになり、本気で実現しようと考えながら動くようになります。

池谷集落の将来像をつくったときも、「法人化」というのは私自身も自分事として実現したいと考えていました。地域おこし協力隊の任期が終わった後は、自分がそこの法人に所属して仕事として地域おこしの取り組みを継続したいと考えていたからです。本気で実現したいと思っていましたので、「農村六起」でいったんは落選したものの、再チャレンジしました。プレゼンテーションでは山本さんや曽根武さんにも登壇してもらうなど、どうやったら認定されるかを真剣に考えて、起業支援金を得られるようにやれることは全部やろうと思って動きました。そこまでやるとやはり結果もついてくるものだと実感します。

「広げる」から「まとめる」へ

大勢でアイデアや意見を出し合って、最終的に全体としてまとめていく際には二つの段階に分けて進めるのが効果的です。

一つ目は「広げる」で、二つ目は「まとめる」です。

ここで大事なのはこの二つを一緒に行うのではなく、分けて行うという点です。

「広げる」は一般的にはブレーンストーミングと呼ばれる話し合い方です。この段階ではとにかくいろいろな意見を数多く出すことが重要です。質より量です。数多く出すなかに「これはいいアイデアだ！」というものが出てきます。最初からいいアイデアを出そうとしすぎると、意見そのものの数が出てきません。「数打ちゃ当たる」というぐらいの考え方で進めるとよいです。

また、この段階では一つひとつの意見の良し悪しの判断をしてはいけません。他の人が出したアイデアについては「それいいね！」と言いましょう。そうすることで皆が意見を出しやすい雰囲気になります。そうなればアイデアの量は増えます。けっして誰かがアイデアを出したときに「そんなのできるわけないでしょ！」などと言ってはいけません。そうすると誰も何も言えない雰囲気になってしまいます。「広げる」段階ではあくまでも質より量という事を肝に銘じてください。

そして、いいアイデアが出たら必ず書いて残すようにしましょう。せっかくいいアイデアが出ても、書かなければ忘れてしまいます。書いて残す癖をつけるようにしましょう。

アイデアがどんどん広がってきてかなり数が出てきたら、次に「まとめる」段階に入ります。これはKJ法と呼ばれる形で、似たアイデアを集めて分類し整理して見やすくしていきます。そして、ここが重要なのですが、言葉で書かれたものは複数の人で解釈がずれてしまうことがよくあります。同じ言葉を見て違うイメージを持つケースがあるということです。なので、言葉だけでなく、イメージを皆で共有できるところまでまとめていきましょう。池谷集落では、5年後の池谷や3年後の池谷を模造紙に絵を描く形で表現しましたが、このようにすることでイメージがより共有しやすくなります。

将来ビジョンは皆の目にふれるところに

将来ビジョンをつくるワークショップをすると、たいていその場は盛り上がります。ですが、年月が経つにつれてそのときの盛り上がりはだんだん忘れられていきます。これは人間ですから仕方ないことだと思います。なので、常にそのときにどういう話をしたのかを思い出しやすい仕掛けをすることは効果的です。

池谷集落の場合は、池谷集会所に模造紙に書いた将来像の絵を貼っていました。集会所には月

1回必ず寄合で集落の人たちが集まりますし、都会との交流イベントを行う際には交流会の会場にもなり、NPO法人の総会もここを使っています。定期的に何度も目にすることで思い出しやすくなりますし、意識に残ります。2010年に5年後の池谷の将来像をつくった後、2015年になって集落の人から「多田さん、もう5年経ったのでそろそろ将来を考える会をまたやってほしい」と言われたときに、集会所に将来像の図を貼っていたのはやはり効果があったのだと実感しました。イメージが共有できるビジョンを皆の目にふれるところに掲示するということを、読者の皆さんもぜひやってみてください。

ビジョンづくりワークショップの進行例——3年後の集落の姿を描く

ここで、参考までに池谷集落で2015年3月に行った、3年後を考える会を進行したときの進め方を紹介します。それぞれの地域でワークショップをする際の助けになればと思います。

本日の予定

まず、何時から何時の間でどういうことをするのかというタイムスケジュールを共有します。これを示したうえで、ワークショップのファシリテーター（会の進行を促進する人）はタイムキープをすることが求められます。農村の人で特に高齢の方は話が脱線して長くなる傾向があるのですが、ファシリテーターがタイムスケジュールを意識しつつ、話の脱線を上手に引き戻すことで、ほぼ時間どおりに終わらせることができます。同じ時間でも中身の濃い話し合いができ、生産性の高い時間を過ごすことができます。これはワークショップだけなく日常の会議の際にも応用できます。

本会の趣旨

最初に趣旨として、このワークショップがどういう目的で開催されるのか、終了した時点で何ができているべきかという求める成果を全体で共有します。

本会で実施すること

本会の趣旨を補足する形でイメージをつかみやすくするために次頁の図4で説明します。

話し合う際の留意点

前述した「広げる」から「まとめる」への部分について、ワークショップに参加する人にしっかりと伝えます。

グランドルール

大勢でワークショップを行う際には「グランドルール」をつくっておくと進めやすくなります。どういうルールを設定するのがよいかがわからない場合は、次のルールを設定しておくとよいでしょう。

①とにかく発言してみる　②書いて残す　③否定しない
④前向きに　⑤楽しむ　⑥時間を守る

このようなグランドルールをワークショップ参加者が意識することで、進行がスムーズになります。
ワークショップの趣旨とスケジュールとグランドルールは、ワークショップの参加者が常に意識できるように、パワーポイントの画面をプロジェクターで前に投影するだけでなく、模造紙に書いて貼っておくことをおすすめします。

最近の話題

現状を確認し、目線を合わせることを目的に最近の話題を共有します。先にオープンなコミュニケーションをするために、お互いの持っている情報を共有しましょうと書きました。全員が共通の前提条件を持っていると話がかみ合いやすいので、最近の話題を端的に整理して共有します。

今後やりたいことを出し合う

これは「広げる」にあたる部分です。少人数のチームに分けてグループワークで行います。ファシリテーターは一つひとつのグループすべてに入ることはできませんので、各グループできちんと進行の意図に沿った話し合いができるよう

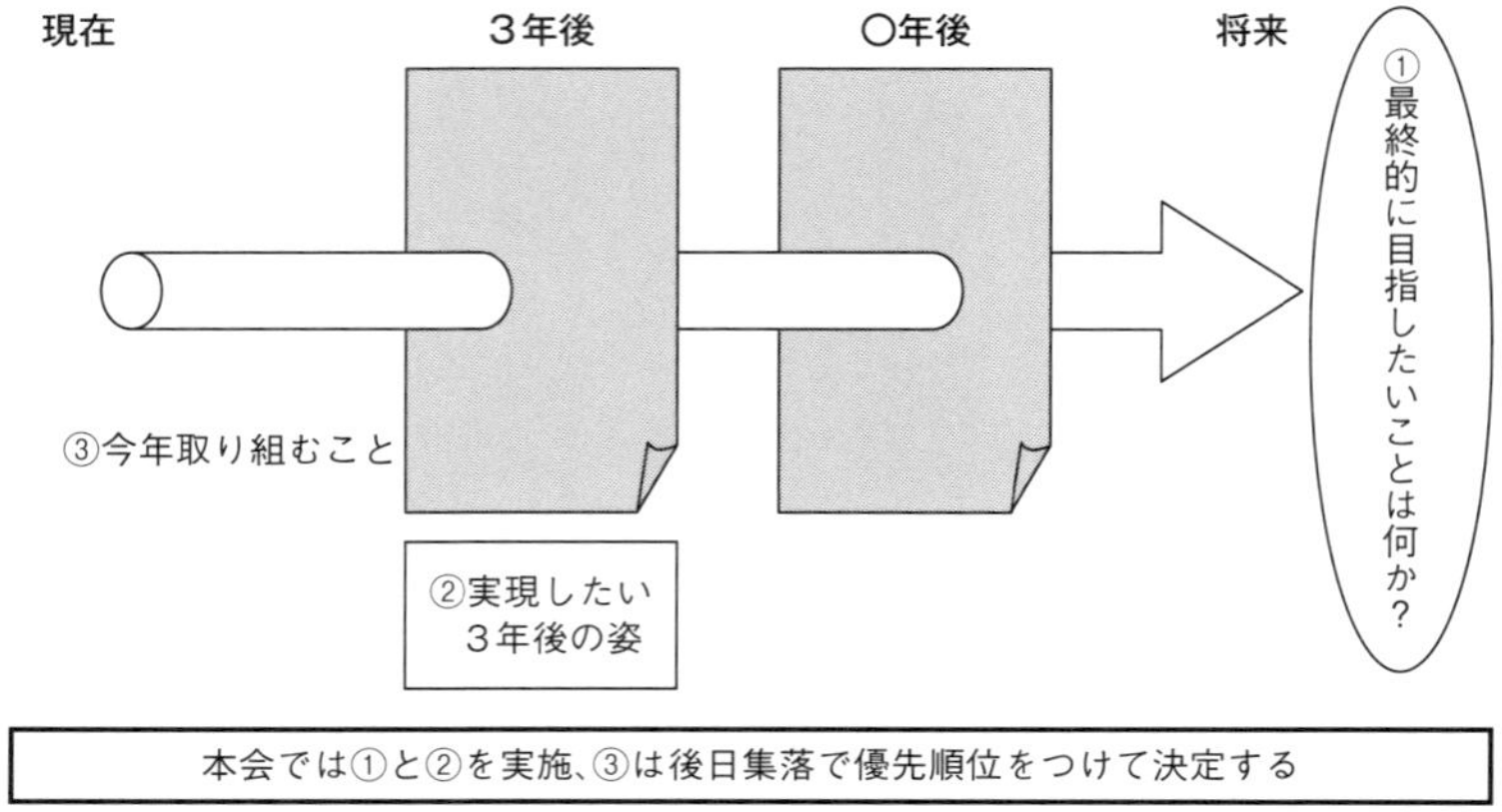

図４　本会で実施すること

にするために、何をしたらよいのかがわかるようなガイダンスを表示しておくとよいです。

まとめる

このときは「広げる」で同じチームになった人たちで付箋に書かれたものを整理し、その内容を箇条書きで紙に書くところまでを行います。その後、全体で一つの絵を描いてまとめました。そしてそれを池谷集会所に貼りました。

ワークショップ終了後は池谷集落にある民宿かくらで飲みながら参加者が本音で語り合いました。将来ビジョンをつくるワークショップにからめて、一緒に飲みながら語ることは、特に農村の高齢の人たちの間ではとても重要です。

コラム

池谷集落から希望の種をもらった

長野県栄村小滝集落／合同会社小滝プラス代表社員　樋口正幸

●見えぬ復旧復興に焦りと不安の毎日

小滝集落は長野県最北端で日本一の大河千曲川が信濃川に名が変わる新潟県との県境に位置している小さな山村集落です。

東日本大震災の翌日2011年3月12日午前3時59分に「長野県北部地震」が発生し震度6強

の直下型地震が栄村を襲いました。村内のほぼ全域に避難指示が出され、建物の全半壊、断水など甚大な被害を受けました。そのなかでも小滝集落は道路の崩壊、雪崩により孤立した唯一の集落でした。

積雪2mのなかでの地震は今まで例がなかったとのことでした。一面の雪面に亀の甲のような模様が広がり、見えない雪の下の被害状況は想像できませんでした。4月下旬にようやく雪が解け始めると、建物の基礎は砕けているし、田んぼの畦は大きくひび割れ、道路は破壊され通れないなど、あらゆる面に被害が露出してきました。あまりに大きな被害状況に小滝復興プロジェクトチームを立ち上げ、被害状況の把握と対応についての検討を連日行いました。

被害にどう対応していいかわからない状態が続くなかで、仮設住宅に入る人、村を離れる人など集落がバラバラになり一段と不安をあおられました。半壊以上の家屋が取り壊されていくことに、集落がどうなっていくのか見えず下を向くばかりの毎日でした。

●池谷集落との出会い

そんな小滝を支援しつつ見かねた中越防災安全機構の方から「7年前に中越地震で大きな被害を受けたところの、今を見に行こう」と声をかけていただき、小滝集落のみんなで視察に行くことになりました。環境が似ている山間地で小さな集落を選んでいただいて、最初にうかがったのが池谷集落でした。

集会所に案内されると、池谷集落の父ちゃん母ちゃん全員が来てくれました。池谷の皆さんは独特の口調で話し始めました。「オラたちはね、避難所でもう池谷には戻らないって決めたんだよ。だけどね、ボランティアで来た衆がね『ここはいいとこだ、いいとこだ。水はうまいし景色はいいし』って言うんだよ。そんなにいいところなんだったら、もうちっとここにいるか、っていうことになってさ。そんで『いいとこ探し』してもらったり」最後は「今ね、地震のおかげで『奇跡の集落』って言われてるの」。

震災後笑うことも忘れていた小滝の人たちは苦笑いながらもあ然としていました。集落の中を案内していただきながらたくさんの話を聞きました。

●池谷に学び上を向く

驚いたのは集落の人がみんな明るいこと。米が売れてつくってもつくっても足りない、若い移住者が来て震災前よりも世帯数が増えたなど、夢物語のような話を聞きながらもたくさんのヒントを与えていただきました。強烈に心のなかに撃ち込まれた話は「俺たちは財産なんかいらないんだ。池谷集落に住んでくれる人にくれてやる。その人たちに俺たちはここで暮らす術を教えるんだ」というものでした。

今の小滝は池谷集落の人たちとの出会いがなければなかったかもしれません。まったく悲壮感のない池谷集落の人たちと出会い、「なんとかなるかもしれない」「焦らなくてもいいんだ」の思いが上（前）を向いて歩む一歩になりました。

●300年後に集落を引き継ぐ復興計画

3年目の秋に集落全員の想いをまとめた「小滝震災復興計画」を策定しました。掲げたビジョンは「集落を300年後に引き継ぐ」とし、①積極的な発想と暮らしやすい環境整備②資源の見直しと活用③集落外の人々との交流活動、という三つの柱を軸にしています。この復興計画を全員が共有して同じ方向を向いて歩むということに大きな意義がありました。

「300年後に集落を引き継ぐ」という大きな夢のためには継続が必要です。交流事業、交流の拠点施設の経営、米の栽培から販売までの稲作経営など事業を継続するために全戸が社員の「合同会社小滝プラス」を5年目に設立しました。集落の自治は小滝区が、コミュニティは集落公民館が、事業展開は小滝プラスが担っていけば必ずや集落は存続していくと信じています。

池谷に学びに行き、あきらめない気持ちと勇気を与えていただきました。池谷を目標にしつつ、多くの災害が起こる日本のどこかで被災し復興に立ち向かっていこうとしている地域の方々に、今度は小滝集落がヒントを与えることができれば、それが恩返しと思っています。夢に向かって、もっともっと誇りを持って……。

第3章　移住者や地域おこし協力隊員をうまく受け入れるために

移住・定住促進の4ステップ

私はこれまで、池谷集落での移住者受け入れを行ったり、行政からの委託で移住相談会の開催や相談業務、インターンシップのコーディネートや地域おこし協力隊希望者への対応、地域おこし協力隊員のサポート業務などを行ってきました。そのなかで、移住・定住について見えてきたことがありますので、ここで整理してみたいと思います。

まずは、移住・定住促進は

①導入

②地域との接点を持つ

③移住
④定住

の4ステップに分けて考えるのがよいと私は考えています(図5)。

①の「導入」段階は広告宣伝や移住相談会といった情報発信を指します。NPO法人地域おこしでは情報発信の一環として「さとナビ」(http://www.tsukurou-tokamachi.jp/)というウェブサイトの管理も行っており、十日町への移住を考えている人に役立つ情報を掲載しています。

②の「地域との接点を持つ」という段階は体験交流イベントやインターンといった形で地域外に住む人が地域の人と直接触れ合うことができる機会を持つということです。

③の「移住」というのは文字どおり移住してくる段階で、地域内に就職が決まったり、地域内で独立開業して住みつく人もいます。昨今では各都道府県でビジネスコンペが数多く開催され、創業支援の制度も充実してきたので、地方で独立開業というのも一つの選択肢として考えられると思います。

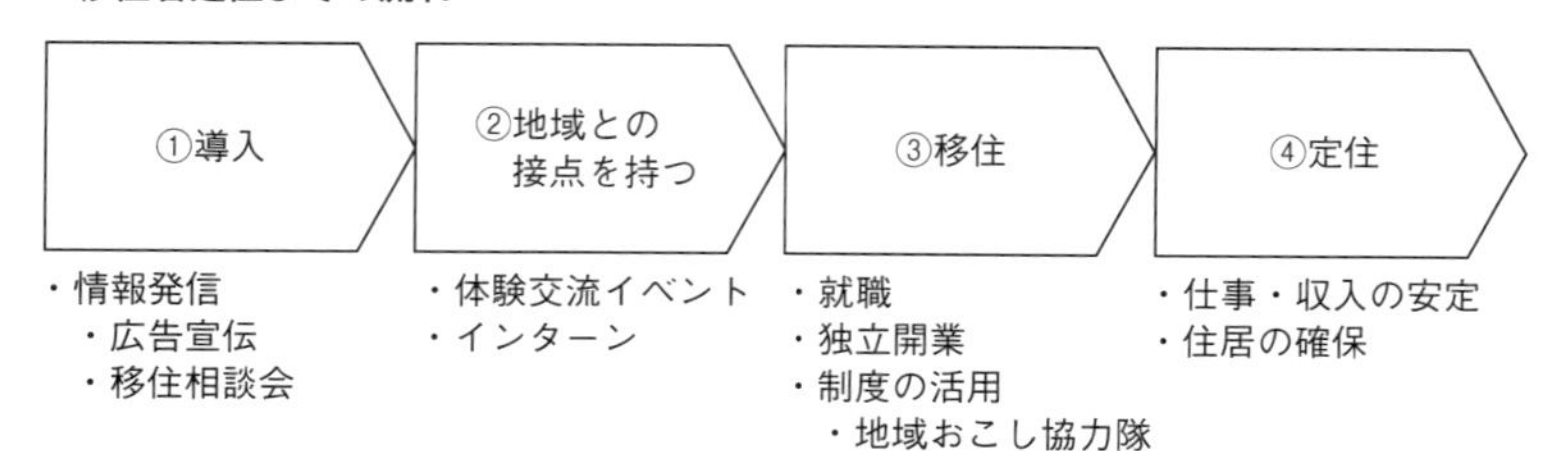

図5 移住促進に関しての考え方

移住者を支援する公的な制度を活用するなら、総務省の地域おこし協力隊や農林水産省の新規就農の補助金などが充実しつつあり、以前に比べると地方移住に対してのハードルは下がっています。

④の「定住」というのは、地方に移住した人が長く住み続ける状態を指します。せっかく都会から地方へ移住しても、地方での生活が長く続くケースもあれば、途中で都会に戻ってしまうというケースもあります。長く住み続けるためには仕事や収入が安定し、住居が確保されることが必須です。地域おこし協力隊は任期が3年間と決まっているため、任期終了後に定住するかどうかが、一つのターニングポイントとして地域住民や行政職員から関心を持たれています。

この移住・定住促進の4つのステップについて、どのステップを誰が担うかざっくり分けると、行政が①「導入」と③「移住」の部分のサポートを行っています。②「地域との接点を持つ」という部分は行政が直接取り組むことができないため、意識の高い地域の人が独自に行っています。④「定住」については、これは移住してきた本人の自己責任の範囲と私は考えています。

行政が先行すると空回りする

昨今は「地方創生」で予算もついているため、行政が移住促進に力を入れており、ふるさと回帰支援センターやＪＯＩＮ（一般社団法人移住交流推進機構）の移住交流情報ガーデンなど、東京にある移住相談窓口では平日も休日も連日移住相談セミナーが開催されています。また、地域おこし協力隊の募集も数多くの自治体で行われており、まさに移住者の奪い合いになっています。
移住者が定住するために必要なものとしてよく言われているのが「収入・仕事・住居」の三つで、この部分を支援するような制度が充実してきています。それ自体は悪いことではないのですが、場合によっては制度だけ充実しているのにまったく結果に結びつかないということがあります。

ある県が主催していた地域おこし協力隊の研修会の場で、これから協力隊を導入しようとしている自治体の方とこういうやり取りをしたことがあります。
自治体職員「これからうちの自治体でも地域おこし協力隊を導入しようと思っています」
多田「そうなんですね。地域の人は地域おこし協力隊にどういうことを望んでいるのですか?」
自治体職員「えっ、いや〜、地域の人とは地域おこし協力隊について話をしたことはありません」
実際に地域おこし協力隊として自治体に任用された協力隊員から「地域の人から『地域おこし協力隊って何をしてくれる人なの?』と言われた。行政にはもっと地域の人にこの制度を説明してから導入してほしかった」という話を聞くことも少なくありません。そういう場合はミスマッチになりやすく、せっかく採用した地域おこし協力隊員が短期間に辞めてしまうこともあります。

行政はよかれと思って地域おこし協力隊制度を活用しているのかもしれませんが、行政だけが空回りするというのはよくある話です。

行政が制度を充実させる以上に、移住者を受け入れるために重要なことがあるのです。

地域がどれだけオープンになっているか

それは、地域の人がよそ者を歓迎する姿勢を持つことです。

地域の人たちがよそ者を歓迎する姿勢になっていない段階で、行政が空き家バンクを推し進めようとしても、空き家を使わせてもらえません。逆に地域の人が空き家をうまく活用して外からの移住者を受け入れたいという気持ちになっていると、使える空き家は意外と出てくるものです。十日町市の飛渡地区では十日町市のなかでも地域おこし協力隊を積極的に受け入れてきた地区ですが、当時の振興会長が、彼らが住むための空き家をご自身のネットワークで次々と使える状態に調整してくれました。

仕事・収入の面でも、地域の人はネットワークが強いので、「この人には地域に残ってもらいたい」と思ってくれれば、かなりの仕事を紹介してもらうことができます。田舎には仕事がないというのは一昔前の話です。今は団塊の世代の大量退職と少子化の影響で全国的に人手不足となっており、有効求人倍率はバブル期以上の水準まで高まっています。ですので、実は田舎にも仕事は意外とあって、若い人手がほしいという声はいろんなところから聞こえてきます。私は現在十日町市商工会議青年部に入っていますが、十日町市内の経営者の方から「地域おこし協力隊や移住者でいい人いませんかね～」と聞かれることが何度もありました。つまり、地域の人がよそ者を受け入れる気持ちが高まれば、家も仕事も意外と見つかりやすいという実感があります。

そして、地域の人たちがよそ者を歓迎する姿勢になるためには、地域外の人たちと交流するなかで地域に誇りを取り戻すことが大切であることはすでに述べたとおりです。移住・定住促進の4つのステップの②「地域との接点を持つ」という部分で、週末など短期間の体験交流イベントを行ったり、1ヵ月、1年といった少し長期のインターンの受け入れを行うことを通じて、地域の人がよそ者を歓迎する姿勢が徐々に生まれてきます。

地域おこしの分野では最近『ソトコト』編集長の指出一正さんらによって「関係人口」という言葉が使われるようになりました。私はこれを観光客よりは深く地域の人たちと関係を持ってはいるものの、まだその地域に移り住むまでには至っていない人たちと理解しています。池谷集落の例で言えば、何度も通ってくれるボランティアの方々も、田植え体験に来てから移り住むまでの間、池谷集落に月1回程度の頻度で通っていた時の私も関係人口だと言えます。この関係人口を増やしていくなかで、少しずつ地域の人がよそ者を歓迎するようになり、そこに惹かれて移住者が増えてくる流れがあります。これはまさに池谷集落がたどった、震災復興のボランティア受け入れから集落の人が前向きになり、移住者が来るようになったプロセスと一致しています。

なので、移住者を受け入れて地域おこしをしていくのであれば、空き家バンクや移住相談会を始める前に、よそ者を歓迎する姿勢を持つ地域の人を増やしていくことが先なのです。この順番を間違えると行政だけが空回りするということになってしまいますので、くれぐれもご注意ください。

移住者受け入れの世話役としてのコツ

移住者を受け入れるにあたっては、地域のなかにいろんなことを相談できる世話役がいることがとても重要です。十日町市では地域おこし協力隊をいち早く大量に任用してきましたが、定住率は全国平均に比べて高く、地域おこし協力隊の受け入れ方がよいということで、総務省から表彰されました。十日町市では地域おこし協力隊を受け入れるにあたって、地域の人のなかから必ず世話役を出してもらうことを義務づけています。同じ地域のなかに相談できる人がいると移住者も定着しやすいものです。

では世話役はどのように移住者に接するのがよいのでしょうか?

それをこの後紹介してみたいと思います。

お互いの思い・夢を共有する

世話役と移住者がお互いの思いや夢を共有できると、いろんなことがスムーズに進みます。私にとって世話役は山本さんでした。山本さんが田植え体験のオリエンテーションで話していた地域おこしの構想を聞いて、自分も一緒になってやっていきたいと思い、地域おこし協力隊に応募しました。協力隊になってからは、飲んだり打ち合わせをしたりするときには「今後こういうことをやっていこうと思っているんです」と、よく話し合っていました。

また、飛渡地区の元地域おこし協力隊で農家民宿を開業した高橋美佐子さんは、地域おこし協力隊の期間中から「私は農家民宿を開業したい」と、当時の世話役であった飛渡地区の振興会長やいろんな人に話していました。すると、かやぶきの古民家を紹介してもらえ、そこを改築して農家民宿を開業できたのです。

地域の方には、ぜひ移住者が将来どうしたいと考えているのかを聞いていただき、その実現に向けてできる範囲で後押しをしてほしいと思います。

一緒に考えながら行動する

移住者の「こうしたい」という考えに対して、地域の人のなかには「そんなことはできるわけがない」とか「以前自分たちがやって失敗したから無理だ」と言って簡単に否定する人がいますが、少なくとも、いきなり却下するのはやめたほうがいいと思います。どうやったらうまく進めていくことができるのかという視点を持って進めていけば、もしかしたらうまくいくかもしれないのですから。

たとえ以前その地域で同じようなことをして失敗した経験があったとしても、そのときとは時代が変わっています。また、移住者は都会の人とのつながりを持っていたり、パソコンがうまく使えたりと地域に元々住んでいる人とは違う能力を持っているかもしれません。つまり、表面的には同じような取り組みでも、周りの環境が変わったり、取り組む人の持っている力が変われば結果は変わってきます。今の人口減少途上にある日本は、過去の延長線上には答えがない時代だと言えます。都会から来た人と田舎の知恵を持っている人が一緒に考えながら行動することで、新しい可能性を生み出していくのがよいと思います。

池谷集落でも、ふつうに考えたら廃村になっていてもおかしくない集落が、われわれ移住者と元々集落に住んでいる人が一緒になって将来像を描き、そこにどう向かうか考えながら、一歩一歩進んできた結果、今があるのです。移住者と地域の人が一緒に考えながら行動すれば、ふつうでは考えられないことも実現できる可能性は十分にあると思います。

移住者の個性に応じた活躍の場を用意する

移住者は、特に地域おこし協力隊員の場合は、なんでもできるスーパーマンが来たと思われて、過度な期待をされすぎるというケースがあります。実際はそんなスーパーマンのような人が来る可能性はほとんどありません。人には得意なことと苦手なことがあります。移住者一人ひとりの個性に合わせて、地域のなかで活躍できる場を用意するようにしてみてください。苦手なことを克服するよりも、得意なことを伸ばすほうが生産的です。

移住者自身が主体的に地域の人脈を広げていけるようにサポートする

世話役というと、移住者にかなり時間を使って面倒を見てあげないといけないと思うかもしれませんが、あまり世話を焼きすぎるのは逆効果になることがあります。たとえば都会の若者が新潟の農村で1年間のインターンシップを行う「にいがたイナカレッジ」でも、初期の頃はある特定の農家に弟子入りするような感じで受け入れていたこともありましたが、どうもうまくいかないケースが多く、地域ぐるみで受け入れることを必須とするようになりました。個人単位での受け入れがうまくいかなかった理由は、インターン生と受け入れ農家の関係が近くなりすぎて、ちょっとした両者の考え方のズレによるもめごとが発生しやすくなったためです。よほど相性がよければうまくいく場合もあるでしょうが、人間関係が固定されすぎるとうまくいかないケースが多いようです。

前職のときに私はコミュニケーション関係の研修の講師と一緒に仕事をしていました。その講師の一つのネタにもなっていましたが、人と良好なコミュニケーションをとるプロとも言えるその人が、「相手の話をよく聞いて対話しましょう」などと研修で話した後に、「でも自分の妻にこれをやるのが難しい……」とよくこぼしていたものでした。「親しき仲にも礼儀あり」という言葉もあるぐらい、人間関係はよほど価値観や相性が合わないかぎり、近くなればなるほどもめやすく、難しくなるということは、読者の皆さんも実感しているのではないでしょうか?

これを踏まえると、世話役は自分が全面的に移住者の世話をするのではなく、移住者が地域内の人間関係を広げるためのサポート役に徹したほうが比較的うまくいくようです。目標は「移住者が自分から地域内の人間関係の輪を広げるようになること」です。そこまでいけば、ほうっておいても移住者は地域に定着します。

私の次の年に池谷集落に移住した可奈子さんや美佳さんは地域の人からいろんな人を紹介してもらいながら、積極的に人間関係を広げていきました。結果、十日町市内でパートナーまで見つけて結婚しました。ここまでいくと十日町市内に根づきます。それどころか、可奈子さんは移住女子サミットなどで都会から移住者を呼び込む立場になっていますし、美佳さんはインターンのコーディネート業務を通じてインターン生と地域の人たちを結びつける役割を果たしていました。

逆に移住者が出ていくときによく見られるのは、地域の人との人間関係がうまくいかず、孤立してしまう場合です。人間には相性というのがあります。ある人とうまくいかなかったとしても、いろんな人と関われば仲良くなれる場合も出てくるでしょう。ぜひ、移住者が地域のいろんな人と出会えるようにサポートするというスタンスで関わってみてください。

地域おこし協力隊の課題

私は全国各地で行われる地域おこし協力隊の研修会で講師を務めたり、自治体への個別定期訪問サポートをしています。地域おこし協力隊の制度を運用するにあたって、うまくいかないケースも多々あるのですが、だいたいパターンが見えてきています。

ある県の研修の企画運営をした際に、「ここがヘンだよ！　協力隊員」「ここがヘンだよ！　行政職員」というテーマで双方が相手に対して思っていることをいろいろと出してもらったことがあります。このときは、行政職員と地域おこし協力隊員をそれぞれ別の部屋に分けて話をしてもらったので、本音を出してもらうことができました。そのままの言葉で書くとかなり過激なものもありましたので、模造紙にまとめるときは少し言葉をマイルドにしつつ、似た意見をある程度要約したうえで、どんな意見が出てきたのかを整理しました。ここに出てきたことはいろんなところで聞かれるので、全国的に共通する部分も多いと言えます。

そこで、地域おこし協力隊制度の課題を、現場の行政職員と地域おこし協力隊員から出てきた生の声からご紹介しましょう。

行政職員が地域おこし協力隊員に対して感じていること

書類の提出ぐらいきちんとしてほしい

行政職員は大きな組織に属しているので、上司から決裁を得るために書類を細かくつくって進めていくことに慣れています。一方、地域おこし協力隊員にはいわゆる大企業で働いた経験がなくて、そのような書類のやり取りに慣れていない人も多いようです。それで日報の提出が滞るとか、毎日つけることになっている車両の運行記録簿がすぐに出てこないなど、行政職員の感覚としてはやって当たり前のことができないということになります。

それに対して、地域おこし協力隊員のほうは「なんでこんな『報告のための報告』をしないといけないのか？ 書類作成の時間が無駄ではないか？」と思っているので、そこから気持ちが食い違ってしまうのです。

車の事故が多すぎる

地域おこし協力隊員は基本的に都会から来ますので、田舎の人と違い、車の運転はほとんどしたことがないという人も少なくありません。かく言う私も都会ではペーパードライバーでした。大学時代にレンタカーを借りて返す直前の給油のときにガソリンスタンドでぶつけたり、先輩の車を借りていたときに人身事故で加害者になってしまったこともあるぐらい車の運転が苦手でした。実話編でも書きましたが、移住して早々に東京に米の出張販売に行く途中に車を廃車にしてしまったこともあるので、とても人のことは言えませんが、私に限らず、協力隊員には細かい車の事故が多いものです。車社会に慣れた行政の人からすると、このことは信じられない点だと思います。ちなみに今は私も運転に慣れ、本書執筆の時点ではゴールド免許です。

経費や予算をすべて自分の使えるお金と思い込んでいる

地域おこし協力隊には活動経費が年間200万円出るという情報が行きわたっているため、隊員のなかには「自分用に使える200万円の財布がある」と思い込んでいる人もいます。行政担当者になんの相談もなくお金を使っておいて、事後報告で「協力隊の経費扱いにしてください」という人さえいるという話も耳にしました。

そんな甘い話があるはずはなくて、この活動経費は特別交付税として自治体の他の財源と同じように前年のうちに立てた予算が承認されて初めて使うことができるものです。ですから、協力隊の人が自分の希望するように予算を使いたい場合、前年のうちに何費としていくら必要なのかをあらかじめ割り振っておく必要があります。また、200万円の経費が使えると言っても、家賃補助や貸与車両のリース料やガソリン代など、活動のベースとしてすでにかかっている費用があります。多くの場合これだけで200万円のうち100万円近く使われているのですが、地域おこし協力隊員のなかにはそれすら理解していない人がいます。

時間にルーズで社会常識が欠落している

このように言われる地域おこし協力隊員は社会人経験が少ない人だと思われます。全国の研修会に講師として呼ばれていろんな地域おこし協力隊員と接した私の経験からすると、仕事と社会常識という切り口で見たときに、隊員は大まかに次の4タイプに分かれていると感じます。

①社会人（ビジネス）経験があって前向きな意思で協力隊になった人
②社会人（ビジネス）経験はあるが後向きな理由で協力隊になった人
③世界や全国を放浪したりアーティスト活動をするなど、個性的な人生を送っているタイプ
④若く、大学を新卒または休学中という、社会人経験が少ない（まったくない）タイプ

このうち①の人は地域おこし協力隊としても活躍しやすいですが、②は正直言って採用すると苦労します。③の人は、行政との関係に順応できる人とできない人に分かれます。一般常識の面がいま一つでも、特定の分野でものすごい力を発揮する人もいます。④の人はていねいに育てる仕組みをつくらないといけません。①以外のタイプの人は、ほったらかしにしておくと、遅刻が多かったり、大きな組織の意思決定の仕組みを無視したことを行政職員に要求しがちになり、「時間にルーズすぎる」とか「一般常識を持ってほしい」と、行政職員からぼやかれることになりやすいです。

地元の人に厳しいことを言われるとすぐ逃げ腰になる

地域おこし協力隊員のなかには、地域になかなか溶け込めない人もいます。一方、地域の人のなかには地域おこし協力隊に対して懐疑的な見方をする人もいます。テレビドラマなどでよくある話ですが、厳しい頑固おやじが懐に入ってしまうと誰よりも応援してくれる存在になるということは、農村地域でもよくあることです。ところが、地域おこし協力隊のなかには、ある人に厳しいことを言われると、その人を怖がって避けるようになる人もいます。こうなると、自分が話をしやすい人としか会わなくなり、狭い人間関係でとどまってしまうことになります。そうなると、いつも接している人の言っていることがあたかも地域全体の意見を代表しているように錯覚してしまうのです。

協力隊員が自分たち（行政）に対して何を望んでいるのかわからない

こういう言葉が出てくるのは協力隊員と行政職員の間で十分なコミュニケーションがとれていないからだと思われます。つまり、協力隊員側だけの問題ではなく、行政職員側にも問題があると考えられます。自治体の地域おこし協力隊担当者は、いろんな業務を抱えているなかの一つとして地域おこし協力隊を担当しているケースがほとんどで、ある意味片手間になってしまうことが少なくありません。結果、地域おこし協力隊員との接触も必要最低限になったり、最悪の場合は放置してしまうという事態も発生しています。

特に地域おこし協力隊の担当部署は企画関連の部門であることが多く、自治体のなかでもなぜか忙しくて残業している人が多い部署です。行政職員としては地域おこし協力隊員に対して時間をかけることができないので、コミュニケーションの頻度も減り、本音で話ができる関係になれないということになってしまいます。

協力隊をどう評価したらいいのかわからない

これは個々の地域おこし協力隊員の問題というよりも、地域おこし協力隊という制度の自由度が高く、各自治体がそれぞれ違う運用の仕方をしているため、全国統一の評価基準がないことが原因だと言えます。行政担当者は地域おこし協力隊について手探り状態で対応をしており、地域おこし協力隊をどう評価していいのかわからない人もいるのです。

協力隊の評価について行政が重視しがちなのが、短期的な、目に見えるわかりやすい成果です。

たとえば、イベントの参加者数とか任期終了後の定住率、起業した人数といった、派手で数値でとらえやすいことが成果として求められがちです。ですが、いきなり目に見える成果を求めすぎても、地域の人のニーズに合っていなくて行政と協力隊が空回りするというケースが出てしまいます。

そもそもなぜここに来たの？

このように言われてしまう地域おこし協力隊もいるのか……と正直信じられない思いですが、こういう意見がその場で行政職員から出てきたことも事実です。私は地域おこし協力隊員になる前に池谷集落に何度か通っていたので、隊員になったときのことをある程度イメージしたうえで来ましたが、今は隊員も全国で４０００人を超え、自治体同士の採用合戦で人材の取り合いになっています。なので、給料の条件を引き上げて募集する自治体も出ていますし、応募者のほうも、複数の市町村をかけ持ちで受けて地域への思い入れなど関係なく、採用されればどこでもいいという人もいます。これはいい悪いではなく、現実としてそういう状態になっているので、いざ地域おこし協力隊として任用されて現地で働いてみると、「イメージと違った」というミスマッチも出てきてしまいます。

地域おこし協力隊員が行政職員に対して感じていること

そもそも隊員の住居が整っていない

これは、住居や生活面の施設が十分な形で準備されていないということです。たとえば、十日町市では地域おこし協力隊を受け入れる際に、今では事前に地域の人が空き家を準備することになっています。しかし、以前はそのへんが十分ではなく、家主さんと同居したり、２０１１年3月に発生した長野県北部地震の被災者の方と同居していた隊員もいました。今でも全国的には住環境が整っていないという隊員の声がチラホラ聞こえてきますので、こうした部分を整備していくことは重要です。

役所の内部で部署間の連携、情報共有ができていない

これは、行政機関にありがちな指摘です。縦割り行政という言葉もよく使われていますが、地域おこし協力隊からすると同じ行政組織なんだから内部で情報を共有してほしいという思いは、本音として感じるところなのでしょう。

地域への周知、説明ができていない

地域おこし協力隊を導入する際に、行政主導で決定し、地域の人に対しての周知・説明がなされていないケースです。こういう場合、地域おこし協力隊としてはとても活動しづらいものです。

行政の方針、ビジョン、方向性が不明確

地域おこし協力隊が全国的に広がっていくなかで、「隣の自治体が導入しているから、うちでも導入する」と言って、深く地域内で議論されることなく、地域おこし協力隊制度を導入するケースも報告されています。なんとなく上から言われて導入するのでは、担当者もどうしたらよいかわからず、当事者不在になりがちです。なかには、特別交付税目当てで一人受け入れるといくら国から予算がつくというふうに、お金のほうをメインで考えていて、地域おこし協力隊員の活動には関心がなく導入しているという話も聞いたことがあります。どこまで本当なのかはきちんと調べてみないとわかりませんが、少なくとも関係者のなかにそのように感じている人がいるからこういう話が表に出てくるのだと思います。

役所目線で目に見える成果をすぐ求める

地域おこし協力隊のなかには、行政担当者から短期間で目に見える成果を求められてプレッシャーを感じているという人もいます。こうなってしまう原因としては、行政担当者も地域おこし協力隊に関してよくわかっていないなかで、議会から突っ込まれるので説明できるような目に見える成果を求めてしまうという構造があります。

また、地域おこし協力隊について、今のところ総務省としては「地域が主体的に制度を活用してください。総務省としてはこうしたほうがよいとか、そういうことは言えません」というスタンスなので、前述のように行政担当者のなかにはどう評価したらいいのかがわからないという人

もいて、安易に成果を急ぐ方向に流れてしまうのだと思います。

相談しても常に否定的な対応が返ってくる

地域おこし協力隊員が行政職員に相談をしたり、提案をした際に否定的な反応をされてしまうこともあるようです。こういう対応をされると、地域おこし協力隊としては行政職員に対して話をしづらくなります。それが積み重なってくると、腹を割って話し合える関係ができず、スムーズなコミュニケーションがとれなくなってしまいます。

ルールが不明確なところが多いのでよくわからない

地域おこし協力隊を受け入れて間もない自治体では、手探りで制度を活用しているため、ルールが明確に決まっていない部分もあります。また、行政のルールはそこに携わらない人にとっては知らないことも多いので、たとえルールがあっても隊員がそれを知らないために、行政の担当者とコミュニケーションがうまくとれないということも発生します。

200万円あるはずの活動経費が思うように使えない

地域おこし協力隊の活動経費が思うように使えないということを隊員が不満に持つケースがあります。この話はかなり多く聞きます。これについては、前述したとおり、行政の側で活動経費についての仕組みをしっかりと隊員に説明する必要があります。

行政担当者は起業したことがないので起業についてわかってない

行政担当者は公務員であり、毎月の給料が安定している職業です。また、そもそも売上を上げるという発想が基本的にありません。予算を確保してそれを使い切るという仕事の進め方をしています。一方で起業家は売上が立たなければ収入は保証されません。経費についてもできるだけ最小限に抑えつつ、最大限の成果を出すことを考えます。ある意味、公務員と起業家はまったく正反対の性質を持っていると言えます。行政が起業支援すると言っても、起業について知識も経験もない人が支援できるわけがないというのは、確かにそのとおりだと思います。

投げかけたことに対して返事が遅い

行政のような大きな組織では意思決定のスピードがとても遅いものです。これはある意味仕方がない部分があるかもしれませんが、それに対してストレスを感じている地域おこし協力隊員もいます。

トップダウンで担当者はよくわかっていない

地域おこし協力隊を受け入れる際に、自治体の首長がトップダウンで導入を決定するケースがあります。導入後は任せたというふうになる場合もあり、この場合、担当者が地域おこし協力隊を受け入れる意図をわかっておらず、当事者不在になってしまうことがあります。

資格取得について他の自治体では出る補助が、うちは出ない

これについては、ある自治体では地域おこし協力隊員が資格を取る際に、協力隊の活動経費を使えるのに対し、ある自治体ではそれができないというバラつきが現実としてあります。

仕事量が多すぎて定められた時間内では到底終わらない

地域おこし協力隊は週何時間という形で基本的に活動時間が決まっています（各自治体によって異なります）。しかしながら、実態として、どう考えてもその時間内には終わらないボリュームの仕事を与えられる場合があります。特に、地域おこし協力隊ではどこまでが仕事でどこからがプライベートという線引きが難しく、そこにストレスを感じている隊員がいるのが現実です。

受け入れ団体に丸投げされていて役所はまったく関わらない

自治体によっては地域の団体に地域おこし協力隊の受け入れを任せているケースがあります。その場合に、行政がその団体に丸投げしてしまい、協力隊員がその受け入れ団体のやり方に疑問を持ったとしても改善ができなくて困っているということもあります。

地域おこし協力隊制度をうまく運用するためには

地域おこし協力隊と行政職員がそれぞれ相手に対して本音ではどう思っているかを並べてみると、いろんな課題が見えてきました。冷静な目で両方を見ると、けっしてどちらか一方だけが至らない点があるのではなく、双方ともに改善すべきことがあることがわかります。そして、これらの課題への対策をとることで地域おこし協力隊の制度をうまく活用できるようになります。

ここでは地域おこし協力隊制度をうまく運用するために必要なことを、①個別の現象に対する

対応　②行政担当者の心得　③地域おこし協力隊員の心得　④ノウハウを共有する仕組みづくりの4つの視点から整理してみましょう。

◉個別の現象に対する対応

［行政のルールへの理解を促す］

地域おこし協力隊員の書類の提出の遅さを解決するためには、行政のルールを協力隊員にきちんと教え、「書類を出さないとあなたが希望することはできませんよ。だから自分のために出しましょうね」と理解してもらうことが必要です。

そして、行政の意思決定のうえでは、担当者の背後に上司がいたり、他部署との調整があったり、首長の決裁や議会の承認が必要なものもあるなど、担当者一人の力ではどうにもならないところがあることも理解してもらいましょう。説得力のある書類がつくれたら前に進む可能性もあることや、担当者自身は協力隊員の見えないところで板挟みになりながら頑張っていることもしっかりと伝えることが大切です。

また、予算について理解を促すために、少なくとも行政の予算決定の手順とスケジュールを説明しておきます。なかには地域おこし協力隊と一緒に次年度の予算を立てる自治体もありますが、そこまでやるとベストだと思います。

また、新卒の人を協力隊に受け入れる際には、行政の新卒採用職員に教えているような、社会人としての一般常識を体系的に教える機会を持つことも必要でしょう。

〔自動車の事故を未然に防ぐための手を打つ〕

この対策としては、十日町市では雪道運転講習を受けさせたり、教習所で助手席に教官に座ってもらって運転技術を採点したりしています。そのうえで、事故に対しては始末書を提出させたり、上司から注意するなど、厳しい対応をとっていますが、それでも協力隊員の事故はなくならないのが現状です。ただ、個人個人について見ると、年数が長くなるにつれて事故は減っていますので、慣れの問題というのも大きいと思います。

〔地域の人と協力隊員との関係をよくする〕

世話役のスタンスの部分でも触れましたが、地域おこし協力隊員が地域内のいろんな人と人間関係をつくることができるようなサポートをしてあげることが大切です。わかりやすい方法としては、地域の飲み会に一緒に連れて行ったり、共同作業に参加するように促したりといったことが挙げられます。

また、最初の時点での地域の人と協力隊員のミスマッチを防ぐためには、移住者を受け入れるための4つのステップの第2ステップの「地域との接点を持つ」という部分に力を入れることが重要です。地域おこし協力隊に応募する人も地域の人の顔がわかる状態になりますし、地域の人たちも隊員としてこういう人が来るとわかったうえで受け入れることができ、ミスマッチを防ぐことができます。

［行政職員と地域おこし協力隊員との関係をよくする］

地域おこし協力隊員が行政職員に対して本音で相談ができ、行政職員が親身になって相談に応じるという関係ができるのが理想的です。そのためには行政担当者が地域おこし協力隊員に対してしっかりと時間を割くことが必要です。また、地域おこし協力隊員からの話をまずはいったん受け止めて理解を示すという対応が必要です。否定的な対応をするとどんどん関係が悪くなってしまうので気をつけてください。

［地域おこし協力隊の小さい成果をきちんと評価する］

地域おこしには段階があると書きましたが、今地域はどういう段階にあるかをつかみ、今の段階から次の段階に進むために何をすべきなのかを細かく目標を立てて積み重ねていく――その目標を達成したら、どんな小さなことでも評価することが大切です。

十日町市では行政の担当者が「地域おこし協力隊の評価として地域の人の笑顔の数を見ています」と言っていますが、これも小さな変化に対する評価をわかりやすく表していると言えます（実際に笑顔の数をどうやってカウントしているのかは不明ですが）。よく、人事評価制度では業績目標と行動目標の両方を見ましょうなどと言われますが、目に見える業績目標だけでなく、日常の行動目標も定めてそれも評価することが必要です。

行動目標としてはたとえば、集落の全戸をいつまでに回るとか、お年寄りの集まる会をこの期間に何回実施するといったことです。特に足し算の支援の段階では業績目標よりも行動目標にあたることのほうが多くなってきます。長期的な目的や目標を達成するためにも、その年の段階的な目標を業績目標、行動目標の両方で設定することが大切です。地域おこしの段階によっては、業績目標がそんなに出てこない時期があるかもしれません。行動目標は地域おこし協力隊員自身に設定してもらい、行政職員が確認して正式に決めるという手順を踏むとよいでしょう。行動目標を設定する際のポイントは、それを達成することで結果的に業績目標が達成できるように両者の連動を意識して設定することです。ぜひ小さな現場での行動の積み重ねが結果的に目に見える実績につながるような目標を設定してください。

◉行政担当者の心得

［協力隊活用の戦略を持つ］

地域おこし協力隊の行政担当者のなかには、自分の発案で地域おこし協力隊が導入されているわけではなく、トップダウンで導入されたとか、有力な議員が提案してきたとかでたまたま自分が担当させられているという人もいるでしょう（けっこうそのほうが多いかも）。

ですが、担当者になった以上は、自分がこの制度を動かしていくんだという気構えでリーダーシップを発揮して、地域おこし協力隊活用の戦略を主体的に持ってほしいと思います。実は地域おこし協力隊の制度がうまく活用されている自治体にはとても意識の高い担当者の方がいます。地域おこし協力隊制度は総務省としてはヒット作だと言われています。十日町市では地域おこし協力隊の受け入れ体制がよく、一定の評価を得てきましたが、地域おこし協力隊の担当者を経験した行政の方は軒並み出世しています。担当者自らが主体的に戦略を持って地域おこし協力隊制度をうまく活かすことができたら、担当者自身の今後のキャリアにもつながるのです。

［現場の意見を踏まえて柔軟に対応する］

地域おこし協力隊の活動する現場では想定外のことも起こります。また、地域おこし協力隊員から行政に対して依頼がくることもあります。そういうときに、行政として対応が難しい場面も多々あると思います。ただ、そのようなときでもいきなり「それはできません」と否定的に切り捨てるのはよくありません。そういう対応をするから地域おこし協力隊員から「相談しても常に否定的な対応が返ってくる」と言われてしまうのです。

私が地域おこし協力隊員だったときに担当だった小林良久（よしひさ）さんは、今にして思えば、上手に対応されていました。たとえば私が行政への依頼をしたときには、こんなふうに返してきました。「そうなんですね、わかりました。もしかしたら管財のチェックもあるので、多田さんに依頼されたことに全部対応するのは難しいかもしれませんが、どうやったらできるかを考えて、極力対応できるように頑張りますよ。でもできなかったらゴメンね」

このように言われると、きちんとこちらの要望を受け入れてもらったことは十分感じます。そのうえで、行政には担当者一人の意思ではどうにもならない部分があること、できるだけこちらの意向に沿うように頑張ってくれそうだということも伝わります。だからと言って、必ずやりますとも約束していないので、できなかったときにも、ベストを尽くしてくれたうえでできなかったのなら仕方ないと納得できました。

行政担当者は一見無理な依頼が現場から上がってきたとしても、小林さんのように、できるかぎり柔軟に対応するスタンスを持っていただけると、地域おこし協力隊員も担当者に感謝します。その後の関係もスムーズになり、協力隊員もいっそう頑張るようになるのではないでしょうか。

［採用時に妥協しない］

全国各地で開かれる研修会などで地域おこし協力隊員と接していると、協力隊の応募の動機は大きく4種類に分類されると私は感じています。もちろん一人の協力隊員が二つの要素を持っているような場合もありますので、この人は何タイプと厳密に分けられるものではありません。ただ応募動機を大まかに見れば、こういうタイプがあるんだなと整理しやすくなります。

①田舎暮らししたいタイプ

これは、地域おこし協力隊制度を田舎暮らしするための手段として活用しようというタイプです。私もこれに当てはまります。このタイプのなかには、「地域おこし」にあまり興味を持っていない人もいます。ただ、定住しよう、もしくはできれば定住したいという考えを最初から持っていますので、うまく地域に溶け込むことができれば、協力隊の任期終了後も地域に残ってくれる可能性が高い人たちです。

②社会貢献したいタイプ

これは、「地域おこし」を仕事にしようと真面目に考えているタイプです。私はこれにも当てはまります。ただ、このタイプの場合、定住を前提としていない人もいます。将来的に「地域おこし」の専門家として全国各地を飛び回りたい、あるいはそこまでいかなくても、任期終了後は次のステップに進みたいという考えを持っている人もいます。したがって、任期中にうまく活動できたとしても定住しない可能性もあります。

③自分探しタイプ

これは、若い人に多いタイプですが、人生の一つの経験としてとりあえず地域おこし協力隊員になってみたいというタイプです。任期終了後にどういう方向性を目指しているのか定まっていない人も多く、前述の二つのタイプに比べると、自分がどうしたいということがはっきりしていないので、協力隊の任期中に悩みを持ちやすい人たちです。

④生活保護タイプ

割合は多くありませんが、どこにも就職できなかったり、そもそもあまり真面目に働く気がない人が地域おこし協力隊の給料を目当てに応募することもあります。このタイプは受け入れた後にトラブルを起こすことが多いので苦労します。

採用にあたっては、いかに自分たちの地域が人手不足で誰でもいいから来てほしいと思っていたとしても、生活保護タイプっぽい人については面接の段階で断るのが賢明でしょう。ヘンな人が来てトラブルが発生することで、通常業務に支障が出るようなことも実際に起こっています。全国的には地域おこし協力隊員が逮捕されたり、行政に対して訴訟を起こしたりするほどの大きなトラブルも少数ながら発生しています。実際そういう人は自己中心的で、行政の担当者や地域の人がどんなに上手に関わろうとしてもコミュニケーションをとるのが難しいので、くれぐれも採用のときには注意してください。

［チームで動けるよう配慮する］

地域おこし協力隊を受け入れて、本気で地域を変えていこうと思うのであれば、最初から隊員同士がチームとして役割分担ができるように採用するのも効果的です。人にはそれぞれ得意分野がありますので、一人の人にオールマイティにいろんなことを担ってもらうよりも、複数でそれぞれの得意分野に合った仕事を担ってもらったほうがよい結果が出るものです。

また、地域おこし協力隊員は移住者なので、（Uターンの人を除けば）任用してすぐの時点では地域の中に知り合いはほとんどいません。同じ境遇の人も少ないため、気軽に相談できる相手がいないということになりがちです。本来であれば地域の世話役や同年代の地域の人が相談相手になれるのがいちばんよいと私は思っていますが、地域おこし協力隊という同じ境遇同士のほうが相談しやすい内容もあります。

なので、自治体として地域おこし協力隊制度を導入する際には、最初から複数名体制で導入するほうがよいと思います。十日町市では初年度に5名、次年度に10名追加し、その後常に15〜20人の協力隊員が同時期に任用されている状態が続いています。私が地域おこし協力隊員だった時には、個人差はありますが、隊員同士の横のつながりもある程度持っていて、隊員同士で一緒に取り組みをしたり、相談したりするような関係もありました。

同じ地域で隊員同士の連携ができると任期終了後にも良い効果があります。私は十日町市の地域おこし協力隊有志で「協力隊結束バンド」というバンドを組んで地域のお祭りなどで演奏していました。このバンドメンバーとは任期が終わった後もプライベートな交流が続いています。メンバーのなかには起業している方もいて、相互に部分的に連携しながら地域活動に取り組んでいます。

［モデル地区を選定し、取り組みの輪を広げる］

地域おこし協力隊のような施策は、地域によって受け入れに積極的なところとそうでもないところの差が出てくるのは仕方がないことだと思います。特にその自治体での初年度の取り組みでは、まだ誰も地域おこし協力隊の活動について経験していないので、地域の人から「いくら口で説明されてもよくわからない」という反応が返ってくるのも無理ありません。

行政は基本的に平等・公平を旨としますので、各地域にまんべんなく地域おこし協力隊員を配置しようとする傾向にあります。十日町市でもそうでした。なかには「地域おこし協力隊ってなんだ？　なんでもお手伝いしてくれる人が来るらしいぞ。行政が受け入れてくれというなら別に構わないけど」という程度の認識の地域もあって、そういう地域では任用された地域おこし協力隊員とのミスマッチが生まれやすいものです。実際十日町市でも地域によっては、協力隊員が「うちの地域にはニーズがないので配置換えをしてほしい」と言ってきたこともありました。これが問題になり、その後、十日町市では自ら手を上げない地域には協力隊員を配置しないというやり方に変わりました。

その一方で飛渡地区のように受け入れに積極的な地区では複数の集落が手を挙げて、協力隊員と地域のマッチングがうまくいけば、多くの隊員を配置されるようになりました。これは「えこひいき」なのでしょうか？　私はそうは思いません。「なんであそこの地区ばっかり偏って地域おこし協力隊がいるんだ？」と誰かが行政に対してクレームをつけてきたとしましょう。そのときには「おたくの地区でも手を挙げて希望者が出てきたら何人でも配置しますよ」と言ってあげればよいのです。機会は平等・公平に与えられています。結果の平等・公平ではなく、機会の平等・公平こそが本当の意味での平等・公平なのではないかと思います。

やる気のある地域が積極的に取り組んだ結果、目に見えて地域が変わっていったとしたら、周りの地域も「自分たちもああいうふうになりたい」と刺激を受けます。

私は地域おこし協力隊に着任し、池谷集落に移り住んだ時点で、自分は池谷集落の協力隊員だと思っていました。ところが、途中から行政から「あなたは池谷集落だけではなく、飛渡地区全域の担当なので、地区全体をまんべんなく支援してください」と言われました。しかし、地域おこし協力隊受け入れのきっかけは、市役所から山本さんにあてたメールであり、あくまで池谷集落を想定していたので、当初は飛渡地区全体に対して行政から「地域おこし協力隊を地区で受け入れてください」という説明はなされていませんでした。そんな状況でしたので、私は飛渡地区全体に自己紹介と連絡先の電話番号を書いた紙を配って、要望があれば対応するようにしましたが、池谷集落でやるべきことが最も多く、時間も多く割く状態は続いていて、あえて他の集落にこちらから押し売りはしませんでした。すると、3年目になった頃に飛渡地区のある方から「飛渡地区も集落をまたがって何か取り組みをしたいので協力してほしい」と言われました。そこから飛渡地区で集落をまたがった活動が始まったのですが、地域の人にその気がない状態で私が「集落をまたがって何か取り組みをしましょうよ」と言ってもおそらく動かなかったと思います。

馬を湖に連れて行くことはできても、水を飲むかどうかはその馬が決めることなので、無理矢理飲ませることはできないというような話があります。なので、一律に活動しようとするより、やる気のある人がいる地域でモデルをつくってそれを徐々に広げていくほうが、結果的には全体にとってもプラスに働くと思います。インターンシップの受け入れでも、最初は池谷集落で何人も受け入れた後、年月を経るなかで、十日町市内各地で受け入れを希望する地域がだんだん増えていきました。

実は、この考え方は私が最初に入社したコンサルティング会社で学んだことです。その会社では、まだ1店舗しかない店をフランチャイズとして全国展開させて、上場させるようなことをしていたコンサルティング会社でした。フランチャイズの店の業績を上げるときも、全店舗まんべんなく支援するのではなく、やる気のある店舗を集中的に支援します。その過程で現場に入り込み、そのノウハウを体系化し、他の店舗に売上アップの方法を広げていきます。また、実際に売上の上がった店舗の人たちが自分たちの活動を発表する機会を設けて、他の店舗の人がそれを聞くと、フランチャイズ本部の人から話を聞くよりもすんなりと受け入れられて、頑張れるという効果もあります。

最初のモデルになるところがないと感じている人は、地域の現場に足を運んで地域の人たちと一緒に飲んだり、いろいろ語り合ってみてください。必ず何人かは本気で地域をなんとかしたいと考えている人が見つかります。

◉地域おこし協力隊員の心得

［任期終了後に自分が目指すイメージを早く持つ］

地域おこし協力隊は、最長3年で必ず退任することを前提とした制度です。なので協力隊員は任期終了後にどうするかを考えておかなければなりません。このとき、任期終了後のイメージを持つのは早ければ早いほどよいといえます。なぜなら、任期終了後に目指すことに向けてより長く時間を使うことができるからです。また、何度も書きましたが、人間誰しも、自分がイメージできないことはうまくできません。逆に自分の思い描くイメージ次第で、任期終了後の人生の可能性は無限に広がると思います。

私自身は地域おこし協力隊員になった当初から、池谷集落の取り組みをしつつ、ここで一つのモデルケースをつくっていろんなところに広めていくような活動を、経営コンサルタントや組織開発のコーディネーターを務めた経験を活かしてやっていきたいと考えていました。時間はかかりましたが、一歩一歩着実に進み、全国各地で研修会の講師として呼ばれたり、書籍を出版するまでになりました。本書の内容は池谷集落で起きたことを一つのモデルケースとして取り上げつつ、全国の地域おこしに役立つポイントを整理して広くいろんなところで地域おこしが進むことを目指しています。まさに最初から思い描いていたことが形になりつつあるのですが、これは私自身が任期終了後にこうしたいというイメージをはっきりと持ち、そこに向けて目の前の必要なことに日々地道に取り組んできたからだと思います。自分が思ったとおりの人生を送りたいのであれば、任期終了後に自分が目指すイメージを早い段階で持つようにしてみてください。
ただし、地域おこし協力隊の間は税金から給料をもらっている身なので、自分のやりたいことばかりやっていると周りからひんしゅくを買いかねません。地域の人や行政が望むことと自分のやりたいことが重なる部分を見つけて、周りの人からも理解を得られるようにコミュニケーションをとりながら行動することを心がけましょう。

[任期終了後の道筋]

任期終了後の地域おこし協力隊員の人生の選択肢は、大きく分けると4つに分類されると思います。

①個人事業主／法人経営
②就職
③アルバイト／パート／副業
④国などの専門家人材登録

以下、それぞれについて私が考えていることを書いていきたいと思います。

①個人事業主／法人経営

これを目指す人には、大きく分けて二つの大切なポイントがあります。一つ目は地域の関係者からの信頼を得ることであり、二つ目は起業や経営に関する体系的な知識を学ぶことです。以下、それぞれについて説明します。

まず、地方で起業するにあたって最も重要だと感じるのが、地域の人たちからの信頼を得ることです。地域おこし協力隊などの移住者は「よそ者」です。私も直接言われたことがあるのですが、地域に長く住み続けてきた人たちから見れば、「正直言っていついなくなるかわからない人」なのです。

私が池谷集落に移住した年、庭野昇一さんが田んぼの耕作をやめた際に、別の地域の農業法人に田んぼを任せた経緯は実話編に書きました。当時の私はまだ移住して間もない頃で、農業機械も揃っておらず、田んぼを任せられるほどの信頼がなかったわけです。ですが、今では地域の人たちからある程度の信頼も得られ、NPO法人として農業参入し、農業機械も揃い、農業部門のスタッフを雇用する体制もできたので、組織として農地を約4町歩任せられるようになりました。別の集落にある空き家を「好きに使っていい」と言われたこともあり、地域の人にお願いをすれば、地域資源を十分に活用できるような状態になってきています。

地域の人たちとのネットワークのおかげで、飛渡地区を中心に沖縄に米を1000俵出荷するという取引もできました。これは沖縄から飛渡地区に婿に来た常角了（とこずみさとる）さんが商談を持ってきたのですが、飛渡地区内の生産者や農事組合法人とのつながりがあったことで米を1000俵集めて保管する倉庫を確保することができ、沖縄の担当者とやり取りをする事務局を担ってくれる人もいて、無事出荷することができました。

つまり、地域の人たちから信頼されるようになり、地域内の関係者とのネットワークができると、地域資源を活かした取り組みが実際にやりやすくなります。そういう観点から見ると、地域おこし協力隊員は1年目、2年目の間は、任期終了後の起業に直接つながることをするよりも、地域の人が求めることに愚直に取り組んで信頼を勝ち得たほうが、結果的に自分が目指すイメージに近づく感じがします。まさに「急がばまわれ」とはこういうことかと実感します。

次に、起業を志す方には、ぜひ企業経営やビジネスモデルをつくるための体系的な知識を学ぶことをおすすめします。地域おこし協力隊の起業支援研修の講師をして感じたのは、協力隊員のほとんどが体系的な経営理論や起業に関する知識を学んだことがないということです。

私は今でこそ、総務省の地域おこし協力隊の起業支援研修の講師や地域おこし協力隊ビジネスプラン発表会で講師としてコメントをするようなことも行うようになりましたが、これは私に起業や企業経営の才能があったからではけっしてありません。経営コンサルタントとして経験を積みながら企業経営に関する体系的な知識を学んだり、ビジネスモデル・デザイナー®としてビジネスモデルをつくるための方法論を体系的に学んできて、実際に地域で事業をおこして経営したことで身についたものです。

才能がある人はもしかしたら、体系的な知識を学ばないまま起業してもうまくいくかもしれません。ただ、才能だけだと限界があると私は思っています。プロのスポーツ選手でも、現在は才能だけではなく、いい指導者による体系的な理論に裏打ちされた練習メニューを地道に積み重ねることでようやくトップクラスに到達できるような時代になっています。今の時代はほとんどの業界で体系的な知識が整理されており、起業や経営の分野でも研究の蓄積が理論として体系化されています。体系化された理論というのは先人の経験の積み重ねですから、これを学ぶことで、より短時間で自分の経験値を高めることができます。

企業経営に関して体系的に学ぶのであれば、ＭＢＡや中小企業診断士のカリキュラムを一通り学ぶのがよいでしょう。また、これからまったく新しいビジネスアイデアを形にするための方法を学ぶのであれば、私も認定を受けているビジネスモデル・デザイナー®のカリキュラムを学ぶとよいと思います。

ＭＢＡや中小企業診断士は、すでに世の中に浸透していますので、私が今さら説明するまでもないのですが、ビジネスモデル・デザイナー®という言葉は知らない人も多いと思いますので、どういうものかを少し説明しておきたいと思います。これは日本生涯学習協議会からも監修・認定されているカリキュラムで、これまで世の中にないまったく新しいビジネスモデルを設計するための方法を学ぶことができます。実はビジネスモデルには7種類22分類の型があり、自分が取り組もうとしている分野でビジネスモデルの型を組み合わせて考えていくことで新しいビジネスモデルをつくり出す手順を学ぶことができます。私自身もこの方法を学んで実践するなかで新規事業のアイデアが次々と出てくるようになり、そのうちのいくつかを実行に移すことができ、学習に要した費用の元は十分とれました。総務省の地域おこし協力隊の起業支援研修で私が講師をする際にもこのカリキュラムを一部取り入れています。

ぜひ、起業を目指す人はより成功確率を高めるために、体系的な知識を学ぶことをおすすめします。

②就職

田舎には仕事がないというイメージが持たれていますが、実は意外に地域おこし協力隊の任期終了後に就職している人は多いものです。というか割合としては就職している人がいちばん多いです。

団塊の世代が大量退職し、少子高齢化が進むなかで、労働人口は減ってきているため、全国の有効求人倍率はバブル期の水準に達しています。このため空前の売り手市場となっており、地域おこし協力隊や移住者の取り合いというだけでなく、普通の企業も人材の取り合いになっています。これが全国的な状況です。

そのなかで、十日町市でも企業経営者から「地域おこし協力隊を終わる人でいい人がいたら紹介してもらえませんか?」と言われたことが何度かありました。つまり、就職という選択肢は地域おこし協力隊の卒業後の進路としてはきわめて現実的な選択肢なのです。

地域おこし協力隊任期中に地域の人から「あいつはよく働くやつだ」と認められれば、複数の会社から誘いを受けることもあります。反面、田舎は意外と情報が早く回りますので、任期中「あいつは使えない」と思われてしまうと、そういうイメージが広がってしまい、次の仕事を見つけるのに苦労するかもしれません。いずれにしても地域おこし協力隊のときには目の前のことを一生懸命取り組んで、地域の人から信頼されるように頑張ることです。そうすればおのずと道は開けるでしょう。

③アルバイト／パート／副業

十日町市は雪国なので、ハウスなどの施設がないと冬の間は農業ができません。なので、スキー場や除雪など季節雇用のような仕事もあります。なかには冬だけ郵便配達の仕事をしている人もいます。このように一つの会社に就職するのではなく、複数の仕事をかけ持ちするという選択肢もあります。

個人事業主がこういったいろんな仕事をかけ持ちして、個人事業の売上だけでなく、いろんなところから給料をもらうケースもあります。とにかく若い人手が少ないので、独身の人であれば、自分一人が食っていくぐらいの稼ぎならなんとでもなりますので、あまり心配しないでいいと思います。

④国などの専門家人材登録

私は、総務省の「地域力創造アドバイザー」という専門家人材として登録されているのですが、このような道も実はあります。地域おこし協力隊のOB・OGは3年間、地域おこしについて現場でいろんな苦労をしながら試行錯誤をしてきた経験を持っていますが、世の中一般から見ると、このような貴重な経験を持っている人は非常に少数派だと言えます。

政府は「地方創生」を掲げていろいろと予算をつけていますが、本当の意味で地方創生を全国的に進めていくのであれば、地域おこし協力隊経験者のなかに大きな力を発揮できる人がたくさんいるはずです。彼ら彼女らが地域おこしの専門家として活躍するというキャリアが描けるようになるとおもしろいと思っています。地域おこし協力隊員のなかでこういう方向性に興味がある方は、このような人材登録制度があることを頭に入れておくとよいと思います。

［地域・行政・協力隊それぞれのやりたいことが重なる活動に力を入れる］

任期中に注意するべき点としては、地域おこし協力隊としてひとりよがりな活動をしないということ。そして、地域の奴隷になってはいけないということです。両極端な表現をしましたが、地域おこし協力隊員が自分のやりたいことだからと地域の人や行政の担当者が望んでいないことを優先してやると、「あいつは行政から給料をもらっているくせに自分のことばかりやっている」と思われ、悪い印象を持たれてしまいます。逆に地域の奴隷、つまり自分はやりたくないけれど、行政や地域の人が言うからやっているということばかり続くと、いずれ嫌になって途中で辞めるのは目に見えています。

ここに地域、行政、地域おこし協力隊それぞれの丸を描いた図を示します（図6）。この図の意味はそれぞれの丸が地域、行政、地域おこし協力隊がやりたいとか、やってほしいと希望していることを表しています。地域のなかに小さな丸がいくつもあるのは、地域の人にはいろんな人がいてそれぞれが関心のあることが違うからです。行政にもいろんな人がいますが、組織としての決定がありますので、一つにしています。行政が何を希望しているのかは、たとえば総合計画のような形で行政としての方針が書かれた資料がありますので、それを見るとよくわかります。

地域おこし協力隊員としてはぜひ行政や地域の人とていねいにコミュニケーションをとるなかで三つの丸の重なる部分を見つけ出し、そこに力を入れるようにしてみてください。そうすることで、地域の人も喜んでくれ、行政にも評価され、自分のやりたいことができるという最高の状態で活動ができるようになります。

私は池谷集落の将来像を考えるワークショップをしたことで、地域のやりたいことと自分のやりたいことの重なる部分を見つけることができました。また、行政の「人口を増やす」という方向性を知ったことで、インターン事業を提案することができました。このように自分なりに三つの丸の重なる部分を見つけて活動を進めることができたと思っています。ぜひ隊員には自己実現と地域おこしの両立を目指してほしいと思います。

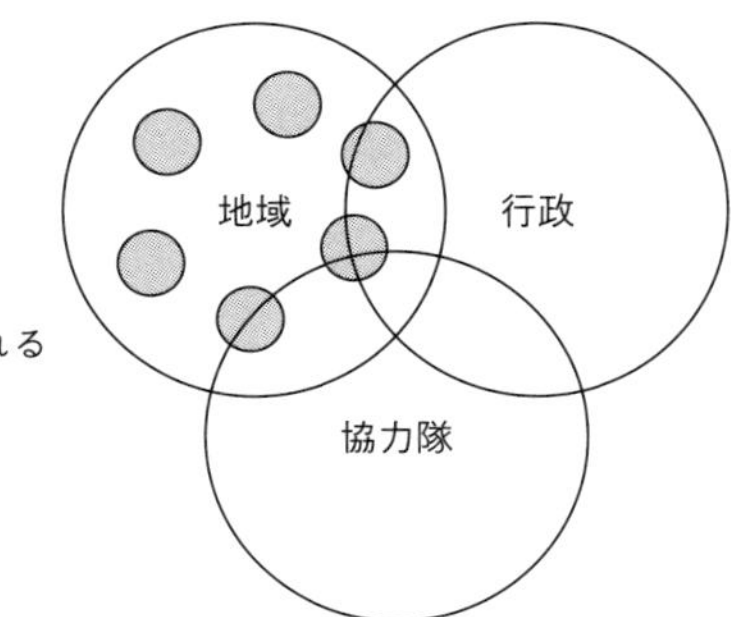

1. 地域・行政・協力隊それぞれが望むことを明確に
2. 地域・行政・協力隊それぞれが望むことの重なる部分に力を入れる
3. こまめにコミュニケーションをとって意識合わせ

図６　地域おこし協力隊制度をうまく活用するために

◉ノウハウを共有する仕組みづくり

地域おこし協力隊制度をうまく運用するためには、これまで書いてきたように、そこに関わる個々人の努力というのも必要ですが、行政担当者には異動があり、地域おこし協力隊には任期があるので、両者とも数年で必ず入れ替わってしまいます。なので、仕組みとして以下のようなものをつくることで、よりノウハウを蓄積しやすくなり、人が入れ替わったときの手戻りを抑えることができると思います。

①シンクタンク機能の構築と情報提供のプラットフォームづくり

地域おこし協力隊は制度ができて、だいぶ期間が長くなり、全国各地にいろんな実例が出てきています。このへんで全国各地の実例を集め、カテゴリごとに体系的に分類し、地域おこし協力隊に関わる人が参照できるデータベースをつくっていくことが重要だと思っています。

そうすることで、どこかの自治体で発生した失敗を全国で共有することができ、同じ失敗を未然に防ぎ、自治体ごとの受け入れ体制の成熟度のばらつきも減らしていくことができるようになります。もちろん受け入れの方法はいろんなパターンがあってよく、無理に統一する必要はありませんが、サンプル数が多いほどいろんなケースを参照することができますので、結果的に自治体の受け入れ体制の改善スピードは上がります。

十日町市では累計50名を超える地域おこし協力隊員を受け入れ、いろんな失敗やうまくいった事例が蓄積されたことで、受け入れ体制が年々進化しています。これはひとえに直接状況を把握できる隊員のケースが多いので、その分学びも多く、改善につなげやすい環境があるからでしょう。これを全国レベルに広げることで、地域おこし協力隊の受け入れ年数が浅く、人数も少ない自治体でも受け入れ体制を改善しやすくなると思います。

②個別定期サポート兼最新の現場情報収集の体制構築

地域おこし協力隊の関係者（行政の担当者、地域の人、地域おこし協力隊）が定期的に時間を取ってコミュニケーションをとることを仕組みにしてしまうのがよいと思います。そして、このときのスタンスとして、お互いに思っていることはきちんと本音で出し合いながら、批判し合うのではなく、前向きに改善を進めるための場とすることが大切です。

行政担当者と地域の人と地域おこし協力隊員だけでは話し合いが難しいと思われる場合は、中立的な立場で関わることができるファシリテーター役をつけると進めやすくなります。私もある自治体で地域おこし協力隊のアドバイザーをしていますが、全国各地に地域おこし協力隊のOB・OGがいますので、今後は行政の立場も地域おこし協力隊の立場もわかる人にファシリテーションの技術やスタンスをトレーニングして、協力隊のアドバイザーを育成していく仕組みをつくっていくことが必要でしょう。フランチャイズにおけるスーパーバイザーのような形で支援ができるようになり、また支援の現場のなかで最新の情報を吸い上げていくことができます。吸い上げた情報は、前述のシンクタンクに提供し、データベースを更新できる体制をつくることができれば、地域おこし協力隊の運用体制は今よりずっとよくなると思います。

コラム

池谷の背中を追いかけて

特定非営利活動法人灯す屋代表理事　佐々木元康

●池谷でのボランティアで価値観が大転換

私は、佐賀県有田町の地域おこし協力隊でした（２０１８年８月）。３年前まで埼玉県の製薬会社で研究員をしていましたが、震災と子育てを機に、故郷の有田町へ戻ることを決めました。今は実家の両親と共に、家族みんなでにぎやかに暮らしています。

ところで、私にとって震災とは「新潟県中越地震」と「東日本大震災」の両方を指します。東日本大震災後に、地震や原発に対する不安で西日本へ移住した方が多いという話をよく聞きますが、私はそうではなく、震災復興のためのボランティアそのものがきっかけでした。

新潟県中越地震の被災地である池谷集落を初めて訪れたのは、地震発生から６年後の２０１０年でした。当時、私はカンボジアへのボランティアツアーに参加したことで、ボランティアの楽しさに目覚めたばかりでした。国内でもボランティアがしたくて、インターネットで見つけた池谷集落のボランティアに通うようになります。その頃の池谷集落は、地域おこし協力隊であった多田さんを中心に、「田んぼへ行こう！」「スノーバスターズ」など、雪国の中山間地のありふれた暮らしの一部を体験できるイベントを開催していました。

楽しみながら誰かの役に立つお手伝いができる。

お手伝いを通じて集落の仲間になれる。

それが、こんなに気持ちよくて楽しいことだなんて！

それまでは、働いて稼いだお金を使って、遊んだり旅行したりほしいものを買ったりすることが休日の過ごし方であり幸せなことだと思い込んでいた私の価値観を、多田さんと池谷集落は見事にこわしてくれました。そして、都会で窮屈に暮らしている自分の友人をはじめ、もっとたくさんの人たちにこの経験をしてほしい！と思うようになります。

●南三陸町へのボランティアツアーを主催

その後２０１１年３月に東日本大震災が発生し、私は縁あって、津波で甚大な被害を受けた宮城県南三陸町へ通うようになります。その頃、私の周りには「ボランティアしたいけど、どうやったらよいかわからない」「被災地のために、お金の寄付以外でも何か役に立ちたい」という思いを抱く友人がたくさんいました。そこで、私は月に一度のペースで、週末を利用して南三陸町へ通うボランティアツアーを主催するようになります。

被災地を一日も早く復興するためのお手伝いをすることはもちろんですが、私が池谷集落で感じたように、このツアーを通じて参加者の価値観にちょっとでもよい影響があったらいいなと意識して取り組みました。

●ボランティアから地域おこし協力隊へ

二つの震災のボランティアをきっかけに、私は故郷について考えるようになります。大きな被害を受けて将来への強烈な不安を抱えながらも、故郷から出ていくどころか戻ってくる人たちさえいる池谷集落や南三陸町の人たち。言葉に表現できないほど大きな郷土愛と強い意志。

それに引き換え、中学から寮生活を始めた私は故郷になんの恩返しもしていないどころか、けっして裕福ではないのに子ども3人を大学へ行かせてくれた両親をほっぽらかしにして好き勝手に暮らしている。自分の子どもには、都会の窮屈な暮らしではなく、田舎で爺ちゃんや婆ちゃんと一緒にのびのびと暮らしてほしい。

そんなことを夫婦で話していたなかで、有田町の地域おこし協力隊に応募することに迷いはありませんでした。

●「まちあるきイベント」と空き家のセルフリノベーション

地域おこし協力隊としてUターンし、まもなく3年が経ちますが、これまで取り組んだ活動はすべて池谷集落で学んだことがベースになっていたと感じています。それは、「有田町の暮らしの日常を切り取り、町外の人たちに体験してもらう。そこに、町内の人たちも巻き込み、自分たちの町のよさを再認識してもらう」ということです。

協力隊になったばかりの頃に何度か企画した「まちあるきイベント」では、まだ町のことを詳しく知らない私や町外の人たちに町内の人が自慢げに町のことを教えてくれました。外部の人たちが有田町をおもしろがる姿に町の人たちはとてもうれしそうでしたが、これはまさに池谷集落が続けてきた内部と外部とのつながり方と同じです。

その後、空き家をセルフリノベーションしてシェアハウスをつくるプロジェクトでは、DIYに関心のある町内外の人たちに何度も集まってもらって漆喰を塗ったりフローリングを貼ったりする作業をみんなで行いました。総勢150名近くの人たちが参加し、このシェアハウスの応援者になってくれました。ただ集まってお酒を飲むだけでも仲良くなれることもありますが、一緒に同じ目的に向かって汗をかく。同じ時間を過ごす。それが場所と人を、人と人をつなぐのに欠かせないことを、私は池谷集落で習得していたのだと思います。

協力隊の退任後、私は有田町で池谷集落と同じくNPO法人を立ち上げ、引き続き地域を元気にするお手伝いをしていきたいと思っています。多田さんと池谷集落の背中をこれからも追いかけていくので、これからもどんどん前へと突っ走ってください。

第4章　時代の転換点で今後何を目指すべきか？

地方の将来は暗いのか？

ふるさと回帰支援センターによると、移住相談の件数（面談・セミナー参加などと電話などによる問い合わせの合計）は右肩上がりで増え続けており、２００８年に２４７５件だったのが２０１７年には３３１６５件と10年間で13倍以上になったとのことです。２０１５年には移住相談窓口として移住・交流情報ガーデンもオープンしているため、実際の移住希望者はもっと増えていると考えられます。しかも、相談者の年齢層も若返っています。ふるさと回帰支援センターに来る相談者の年齢層を見ると２００８年には約70％が50代以上であったのが、２０１７年には70％以上が40代以下とまったく逆転しています（図7）。

この間に地方移住が増えているのは社会的な背景も影響していると私は考えています。２００８年の秋にリーマンショックがありました。私自身もリーマンショックをきっかけとして、お金の信用度の危うさを感じ、生活に必要なものをできるだけ自分で調達できるようになりたいと考えるようになりました。その後、２０１１年に東日本大震災が発生し、原発が大きく社会問題として取り上げられるようになり、子どもを安全な場所で育てたいという人が増えました。また、東京のスーパーやコンビニからモノがなくなり、いざというときに東京は危ういと気づいたこともあり、田舎暮らしを考える人は増えてきました。さらに、２０１４年からの「地方創生」の掛け声のもと、政策的に地方に目を向けられるようになりました。まだまだ日本全体から見

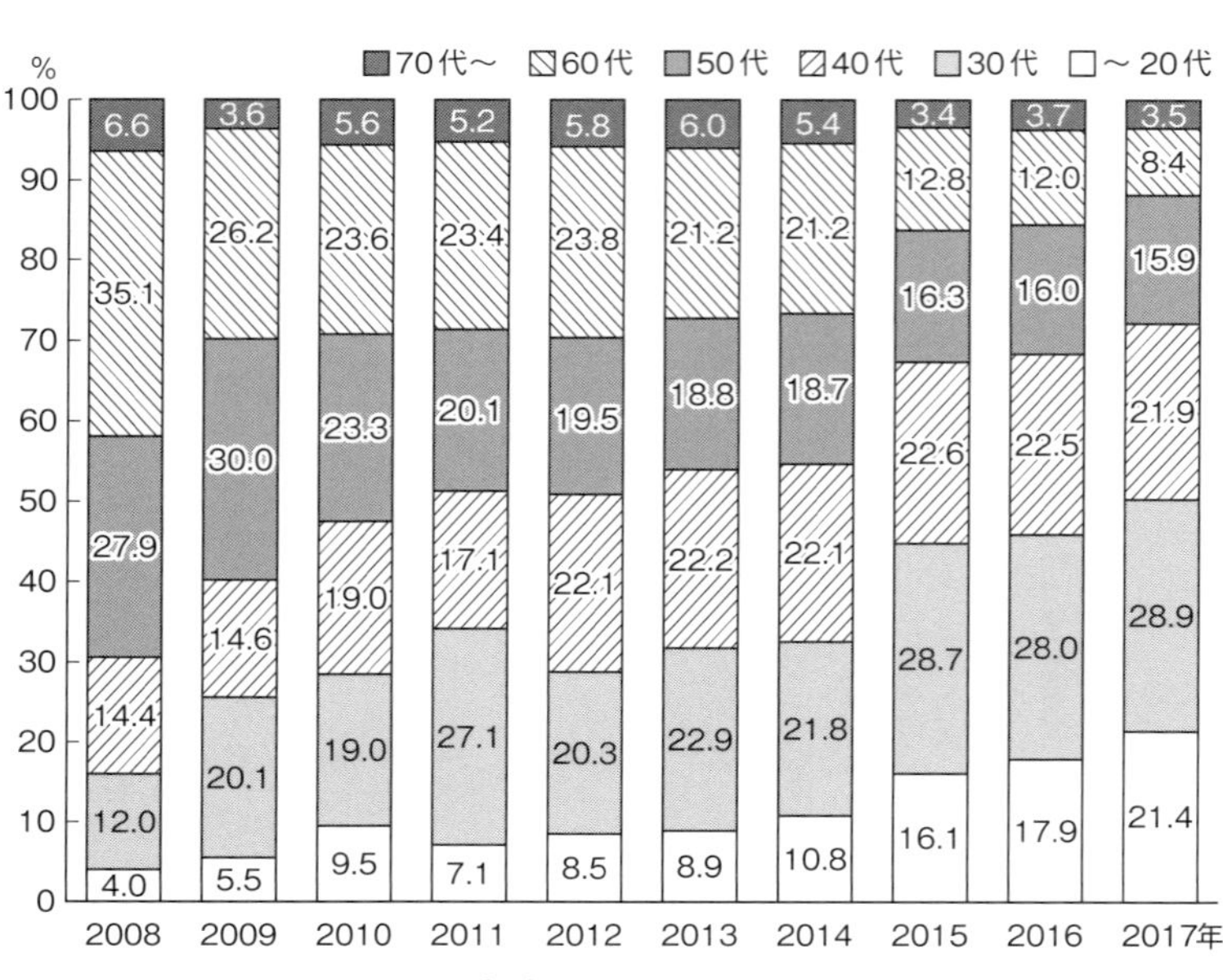

図７　ふるさと回帰支援センター利用者の年代の推移

出所：『2017 移住希望者の動向プレスリリース』ふるさと回帰支援センター

ると少数派ではありますが、地方移住を考える人が確実に増えてきており、それは単なる一時的なブームというよりも、社会的な流れが変わってきていると感じています。

東京オリンピック前後が時代の転換期になる？

世界の中での日本の状況

私が改めて言うまでもなく、日本の人口は２００８年の１億２８０８万人をピークに減少に転じ、２０５０年には1億人を切るという推計結果が出ています。一方で世界の人口は２０１１年に70億人を突破した後も増え続けており、２０５０年には90億人を超えると試算されています。また、世界経済に目を向けると、人口大国の中国・インドでは人口とともに一人当たりＧＤＰも伸びており、所得水準が向上しています。それに比例して、中国では肉類の、インドでは乳製品（バター除く）の需要が大きく伸びています。所得水準が高まることで、畜産物や魚介類、油脂類の需要が伸びていきます。つまり食べるものがどんどん贅沢になっているという事です。

アジア開発銀行（ＡＤＢ）が２０１７年4月に発表した報告書『アジア経済見通し２０１７年』（Asian Development Outlook（ADO）2017）によると、中国やインドのみならず、今やアジア地域が世界の経済成長の60％を占め、最大の牽引力となっているようです。つまり、かつて途上国と言われていたアジア各国は全体的に人口も増え、経済成長しています。

つまり、日本の人口は減り、世界の人口は増え、途上国の所得水準が上がって畜産物の需要が増えるということは、今後世界中で食料需要が激増するなか、日本の経済力は相対的に落ちていくということです。実際、1980（昭和55）年段階で日本は世界のGDPの10％を占めていましたが、2016年には4・1％にまで落ちています。今後途上国の原料が安いままでは続かず、世界中で将来食料が安く手に入る保証はないということが予想されます。

時代の転換点は80年ごと？

ここで、一つ興味深い話をしたいと思います。それは池谷集落の集会所にある米1俵の価格変動史です。江戸時代後期の1781（天明元）年から1981（昭和56）年までの200年間の米1俵の金額が毎年どのように変動したのかが全部書かれています。これを見るとおもしろいことが見えてきます。

それは、時代の転換期に経済をリセットするかのように、米の値段が急激に上がっているということです。かつて米の値段は物価の基本指数でしたので米価が上がるときは物価が全体的に変動したと考えられますが、幕末の10年間で米の値段は約10倍になっています（1858年57銭7厘→1867年5円29銭）。もっとすごいのは第2次世界大戦終戦の前年からの10年間で、米価が200倍以上にはね上がっているのです（1944年19円92銭→1953年4272円）。

少し話が変わりますが、日本では人口減少に伴い、空き家の戸数が全国各地で増えています。

1998（平成10）年度は全国で576万4100戸だった空き家は2013年度には819万6400戸と1・4倍になりました。

空き家戸数の第1位の都道府県は東京都で80万戸を超えています。そのような状況のなかで、東京オリンピックを控えて東京では新築マンションを含めて新たな建物が建設されており、近年地価が上昇しています。東京都財政局財産運用部管理課が発行している『平成29年東京都基準地価格』を見ると、2008年をピークにリーマンショック後下落していた地価は、東京オリンピック開催が決まった2013年を境に上昇しています（図8）。地価の上昇に比べて消費者物価指数はほぼ横ばいであることを見ると、私見ですが、今の東京の地価の高騰はオリンピックバブルではないか？　と考えることもできます。

ただでさえ空き家が多い東京で、これから人口が減っていくにも関わらずマンションが建てられていけば、需要と供給のバランスが崩れることは目に見えています。東京都政策企画局計画部計画課が編集・発行した「都民ファーストでつく

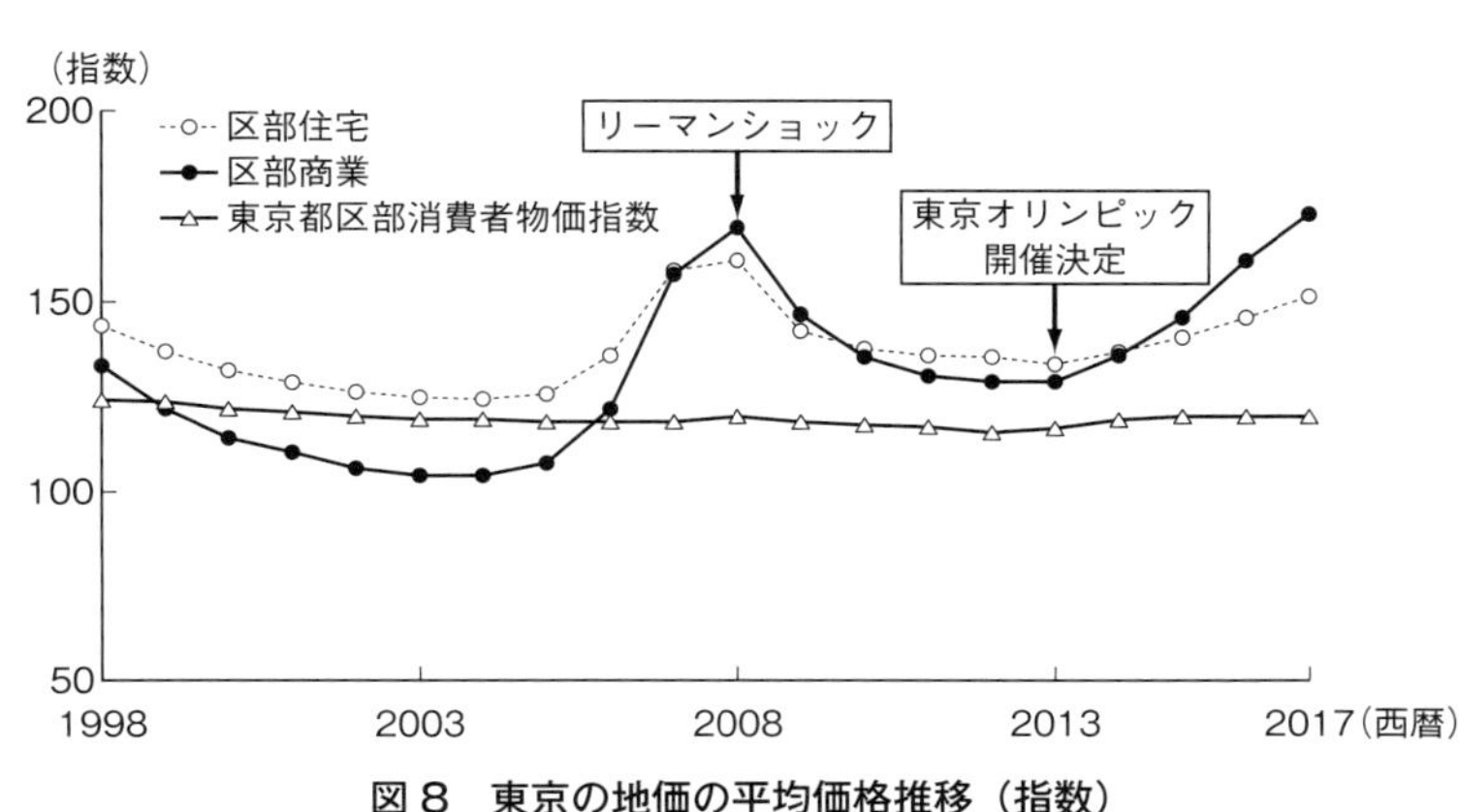

図8　東京の地価の平均価格推移（指数）

（注）1983年7月1日の平均価格および東京都区部消費者物価指数を100とした
出所：『平成29年東京都基準値価格』東京都財政局財産運用部管理課発行

る『新しい東京』～2020年に向けた実行プラン～」によると、東京都の人口は2025年の1398万人をピークに減少することが予測されています。相当数の移民を受け入れるなどすれば、東京都も人口を維持できるかもしれませんが、今の延長線上だと先行きは不透明です。もしかしたら東京オリンピック後にバブルが崩壊する可能性も考えられるのではないでしょうか？

明治維新と第2次世界大戦終戦の間が77年ありましたが、終戦から東京オリンピックの間もほぼ同じ75年です。現在、日本では年金はほぼ破たんしており、若い人のなかには自分は年金をもらえないのではないか？ と思っている人もいます。これまでの歴史的な経緯を見ると、近代社会の一つの時代の「耐用年数」は70～80年程度なのではないかと個人的には感じています。私は今こそ、東京オリンピックの後に向けて新しい社会の仕組みのあり方を考えていく時期なのではないかと思っています。

地方からこそ新しい産業構造が提案できる

持続可能な集落モデル

では、日本の人口が減り、相対的に経済力が落ち、今後途上国の原料が安いままでは続かず、世界中で将来食料が安く手に入る保証はないという状況のなか、東京オリンピック後を見据えた新しい仕組みはどういう方向性で考えるべきでしょうか？

私は、これからの日本は経済成長を海外と競うのではなく、国内で食料・エネルギーなど生活に必要なものをすべて確保し、国内で循環できる手段を持つべきであると考えています。今、日本国内に現金が潤沢にあるうちに、国内で生活をすべて賄える仕組みづくりに投資をすることで、日本に住む人が安心して日常生活が続けられる状況をつくるべきであると考えています。つまり、これからは経済成長ではなく、経済循環のほうを重視していくべきではないかと考えています。

World Population Prospects, the 2017 Revision（世界人口の見通し、2017年改訂版）の中位予測によると、中国では人口のピークは2029年の14億4157万4218人、インドでは2061年の16億7865万5989人、アジア全体では2055年の52億6993万1516人であり、それ以降は人口減少に転じることが予測されています。アフリカの人口は2015年の11億9436万9908人が2100年まではずっと増え続け、44億人を超えることから、世界全体の人口は2100年まで増え続けていきますが、アジアでは2100年までに人口減少の時代がやってきます（2100年以降はデータがありません）。

アジア各国で人口が減っていくのは、経済成長するなかで、出生率が下がることが原因になっています。これはまさに日本が通った道を数十年遅れてアジア各国がたどっていく形になります。ここまで書いた人口の長期的な推移について、中国・インド・日本のグラフを並べてみると、ほぼ同じ形でピークの時期だけがずれています（図9）。そういう視点で見ると、日本が人口減少社会を上手に乗り越えたとしたら、その経験はアジア各国の大きな助けになるでしょう。

東京の人口が２０２５年の１３９８万人をピークに減少すると予測されていることは前述しましたが、地方ではすでに人口減少や高齢化に直面しています。地方は、人口減少社会への対応策を現場で試行錯誤しながら形にしていく最先端の場所であると言えます。

実際、私は中国メディアから何度か取材を受けたことがあるのですが、そのとき、逆にどうして日本の農村を取材するのか取材クルーに聞いてみたところ、「中国でも都市化とか農村の地域おこしが課題になっているのです」という返答がありました。ですから、これまでデータから見てきたことは、ある程度中国の実態にも即していると言えるのではないでしょうか？

今まで述べてきたことから私は、今後目指すべき方向性は、ある一定の地域内で生活に必要なものが自給できる仕組みをつくり、顔が見える関係の楽し

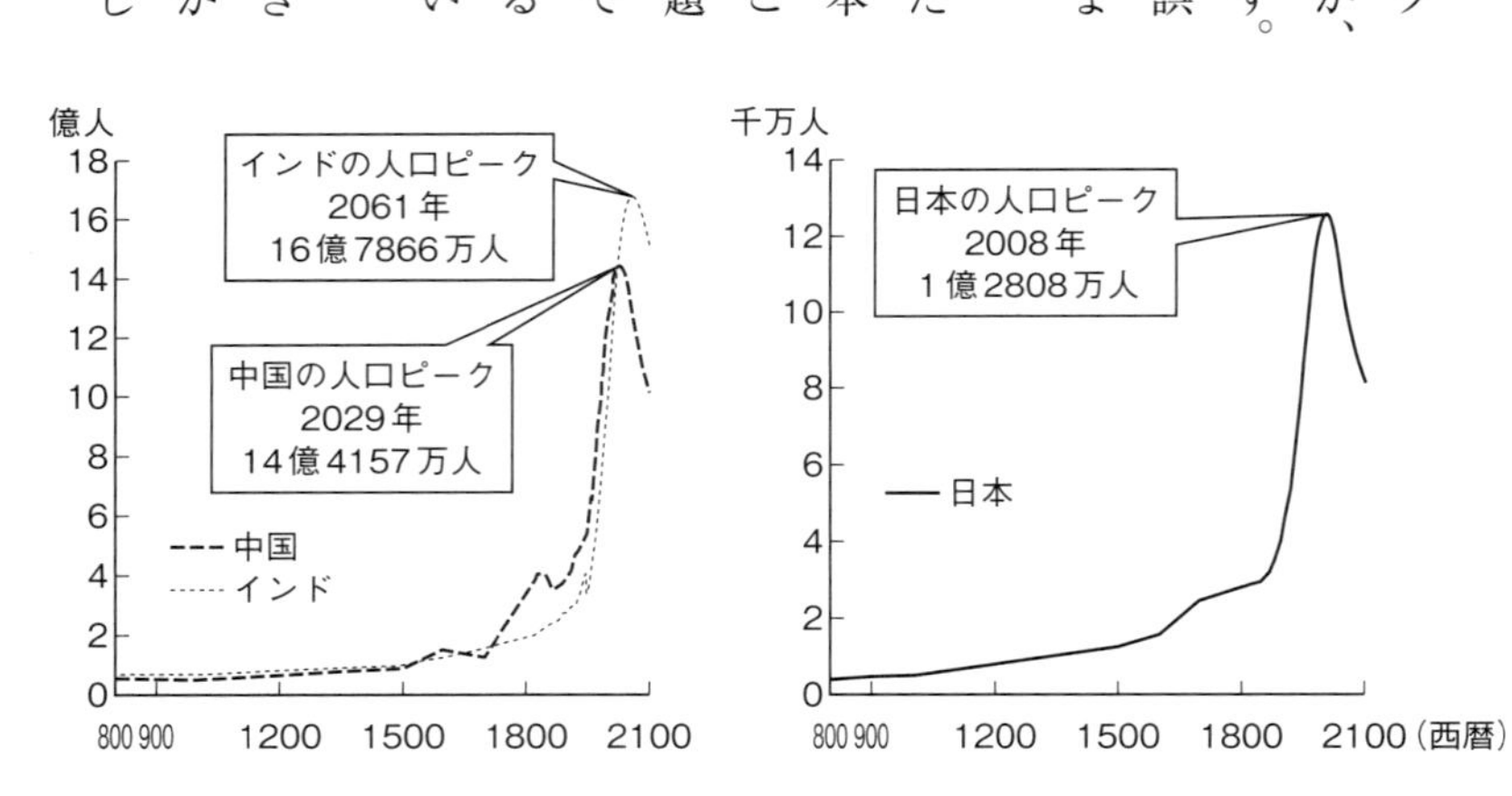

図９　日本と中国、インドの長期人口推移

資料：2009年以前：Angus Maddison HP md2010_vertical
(https://www.rug.nl/ggdc/historicaldevelopment/maddison/data/md2010 vertical.xlsx)
中国･インド2010年～2014年：IMF-World Economic Outlook Databases（2018年４月版）
日本2007年～2014年：日本の統計2018（総務省統計局）（http://www.stat.go.jp/data/nihon/pdf/18nihon.pdf）
2015年以降：World Population Prospects,the 2017 Revision（世界人口の見通し、2017年改訂版）中位推計

いコミュニティがいろんな地域にできることが大切であると考えています。そして、他の地域ともつながりを持ちつつ、結果的に国内で生活に必要なものがすべてなんらかの形で賄える仕組みをつくっていくことが求められていくと思います（図10）。こういう考え方に立つと、人口減少社会というのは悪い話ではないと見ることもできます。なぜなら、地球上の資源は限られているので、その限られた資源で人々の生活を賄なっていくためには人口が多すぎると足りなくなってしまうからです。人口増加路線を永遠に続けていくと、宇宙開発という方向性が解決策になると思いますし、それを目指す方向性も一つの考えでガンダムの世界みたいでロマンがあると思います。ただ、私は地球上で持続可能な循環型社会をつくる考え方のほうが個人的にしっくりくると考えています。

今後、自然の資源が豊富な農村と最新の技術開発ができる都会が草の根的に現場レベルで連携して、生活に必要な自給経済循環の仕組みづくりに取り組んでいければ

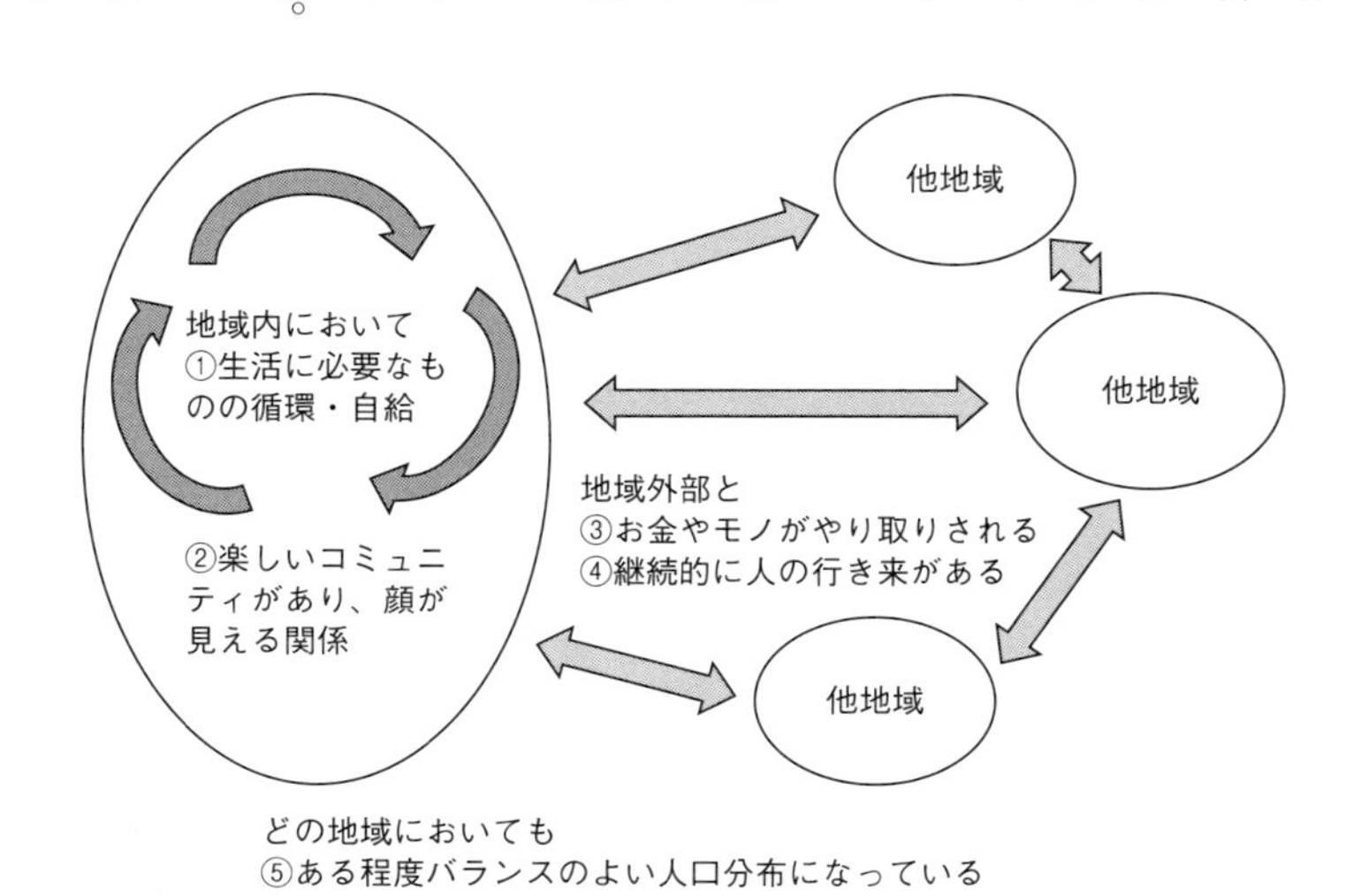

図10　今後目指すこと

うれしく思っています。そして日本のモデルを世界に広げていくことができれば、国際的に経済力で存在感をなくした日本の新たな存在価値を示すこともできるのではないでしょうか？

都会からの移住者の定住促進

田舎でつくられた食べものを都会の人は食べています。都会でつくられた自動車やインターネットのおかげで田舎の生活も便利になり、移住者が来やすくなっています。私自身もインターネットも車もなかったら池谷集落には移住していなかったと思います。また、あまり一般的には知られていないと思いますが、実は十日町市と小千谷市にある信濃川の水力発電所の電力で東京の山手線は動いています。だから東日本大震災で首都圏が計画停電になった際でも山手線は動いていたのです。

このように、都市と農村は実は見えないところでつながっています。都会と田舎は相反するものではなく、互いに補完し合いながら共存していくべきです。ただ、今はまだ都会と田舎の人口のバランスが悪すぎるので、都会から田舎に移住する人がもっと増えてもよいでしょう。そういう意味でここ数年、地方への移住希望者が増えているという流れは歓迎するべきことだと思います。地方に住むわれわれは移住してくる人を上手に受け入れて、自分たちの地域をさらによい場所にしていくことが必要です。そうして、全国各地で都会と田舎が手を取り合って持続可能な生活スタイルを送ることができる社会を実現できたらどんなにすばらしいことでしょう。

農業・農村の多面的機能

都市と農村は見えないところでつながっていると書きましたが、農林水産省では農業・農村の多面的機能をウェブサイト上でまとめており、そこには次のように記載されています。

「農業・農村は、私たちが生きていくのに必要な米や野菜などの生産の場としての役割を果たしています。しかし、それだけではありません。農村で農業が継続して行われることにより、私たちの生活にいろいろな『めぐみ』をもたらしています。このめぐみを『農業・農村の多面的機能』と呼んでいます。例えば、水田は雨水を一時的に貯留し、洪水や土砂崩れを防いだり、多様な生きものを育み、また、美しい農村の風景は、私たちの心を和ませてくれるなど大きな役割を果たしており、そのめぐみは、都市住民を含めて国民全体に及んでいます。こうしためぐみは、お金で買うことのできないものであり、農業・農村の持つ様々なめぐみを思い、支えていくことが必要であり、農林水産省では、食料自給率の向上と農業・農村の多面的機能の維持・発揮のため、多面的機能支払交付金、中山間地域等直接支払交付金等の施策を行っております。」

(http://www.maff.go.jp/j/nousin/noukan/nougyo_kinou/)

ここで興味深いことは、農業・農村の多面的機能の貨幣評価が具体的な数字で試算されている点です。森林の有する機能の定量的評価というのもあります。池谷集落のような中山間地には農地も森林もありますので、両方が当てはまります。実際にこういう場所に住んでいると、農業・農村の多面的機能や森林の役割について体感できるのですが、都会に住んでいる人からすると、説明されただけではなかなか実感できないと思います。そのなかで、経済的な評価額の試算は説得力を持たせるための一つの方法であると思います。

それと同時に定住まではいかなくても、地域に何度も足を運ぶ「関係人口」を増やすことで、農業・農村の多面的機能や森林の役割について、実際に触れてみたり、現地の人の話を聞く機会をつくるなどして、もっと認知されるようにしていくことが必要であると思います。そして、興味を持った方は一歩進んで棚田オーナーになってもらうなど、深く農山村に触れる人が今後増えてほしいと思います。

棚田オーナーとは、都会に住みながら、棚田の管理を一緒に行い、とれた米をもらうことができる制度のことです。詳しくは棚田ネットワークが運営する棚田百貨堂（http://tanadaowner.com/）に棚田オーナー制度を取り入れている全国各地の情報が掲載されていますので、ぜひご覧ください。池谷集落でも「山清水米みんなの棚田」という形で棚田オーナーを受け入れていますので、ご興味がある方はお問い合わせいただければと思います。

紹介ページ（http://iketani.org/event/minnanotanada/）

新しい産業構造をつくることで将来の社会を創る

日本は人口減少社会を迎え、これまでの仕組みでは成り立たなくなってきています。明治以降の近代化してからの日本社会では、人口が増えていくという前提で社会のいろんな仕組みがつくられてきました。２０２０年東京オリンピック後の時代の転換期に必要なことは、自ら社会に新たな価値を生み出す事業を立ち上げる人が増え、産業構造を変え、人口減少社会のなかでもうまく回っていく仕組みをそれぞれの分野で創っていくことだと思います。その一つが生活に必要なものを循環・自給できるようにする仕組みだと私は考えています。

そのような新たな価値を生み出す事業は自然の資源が豊富で地に足のついた生活に密着した地方だからこそできることがたくさんあります。そのような取り組みを、ボランティアではなく、事業として形にできる地方の企業が増えることは地域経済の活性化（経済循環）につながります。

私は、会社員のときは営利事業に取り組む人たちと日々接し、池谷集落に移住してからはＮＰＯやボランティアなどで社会的な活動に取り組む人たちと日々接してきました。かなり極端にまとめると営利事業に取り組む人たちは資金を持っており、収益を上げる方法論やノウハウを持っています。その反面現場の人たちは仕事のストレスで、メンタルヘルスに関する課題も出てきています。社会活動に取り組む人たちは資金は乏しく、ボランティアで採算度外視で運営されているケースも多い反面、現場の人たちは想いややりがいを強く持っています。この両者がうまくつながって、連携して新しい事業を行っていくことで、単なるＣＳＲ（社会貢献）としてではなく、事業として社会的に価値を生み出すことに関わる人が増えるような仕組みがつくれたらと思います。

そのような社会的な新規事業を立ち上げる企業や創業する人が増えることは日本経済の活性化

にも寄与し、社会に新たな価値を生むことにつながります。企業と社会的な活動をしている団体がそれぞれの強みを出し合って協業することで新たな産業構造を創り出し、人口減少社会でも明るい未来が描けるような社会を創っていきたいものです。

そう考えて、地方での事業立ち上げ支援の取り組みも私は行っていますが、そこで目指すのは次の三つです。

①社会的な事業に資金と人材が流れていくような仕組みをつくる
②企業とＮＰＯ法人が人間関係・法人関係を組んで新たなビジネスモデルが生まれるような仕組みをつくる
③企業やＮＰＯなど様々なセクターの人が連携して未来の社会を良くするための具体的な事業を形にできる仕組みをつくる

このような取り組みを通じて、これまでの経済成長一辺倒の考え方ではなく、経済と自然の恵みの循環が生まれるような仕組みづくりを目指しています。うちも子どもが３人いますが、子どもや孫の代に負債を押しつけるのではなく、これから激変していく社会環境のなかで、将来に希望が持てる社会を目指してこれからも活動を続けていきたいと思います。

〔解題〕 農山村再生の最前線——理論と実践——

明治大学農学部教授　小田切徳美

1　本書のモチーフと政策

本書の著者・多田氏が地域おこし協力隊ＯＢとしてそのリーダー的な活躍をしていることや、主要舞台となる池谷集落が中越地震から復興した「奇跡の集落」として注目されていることは、読者には周知のことであろう。

本書第1部では、その池谷集落の復興過程と現状が当事者目線で詳細に記述されている。また、第2部では、著者の経験に裏打ちされた地域づくりのノウハウが惜しげもなく提供されている。その点で、本書は我が国の農山村再生に関わる記録の書、ノウハウの本として、最新で最高水準のものと断言しても過言ではない。おそらく、読後にこの「解題」に触れた大多数の読者はこのことを支持していただけるであろう。

ところが、それは単に詳しい、リアルだというレベルではなく、実は第1部、第2部にくっきりとしたモチーフが貫かれ、両者が一体的に農山村再生の方向性を語っているからではないだろうか。解題者（小田切）は、それを①プロセス重視の視点、②外部人材と地域の関係性の視点だととらえている。

実は、この2点こそが、現代の地域づくりの最重要ポイントであり、本書はそのことを改めて教えてくれている。特に、国や地方自治体の政策担当サイドでは、この点をどのように認識し、政策に活かすかが、新しい政策形成の枢要点であると言ってよい。別の言葉で言えば、近年の農山村政策に前進があったとすればこの点をめぐってである。そこで、それぞれの政策上の論点について、まず見てみよう。

①プロセス重視の視点

地域づくりに関わって、政策当局はともすれば自ら発する政策がインパクトになり、地域を必ず変えるものととらえがちである（「インパクト認識」と呼ぶ）。しかし、当然のことではあるが、目標とする姿を実現するには、政策のインパクトだけでなく、それを含めたプロセスが必要である（「プロセス認識」とする。図11参照）。そのように認識できないとき、政策はあたかも「打ち出の小槌」のように位置づけられ、その予算が獲得できるか否かだけが意識される。そして、いったん予算が確保されると、「数」（数的成果）へのこだわりがここから生まれ、予算があるからには短期間で成果が実現するという錯覚も生じやすい。また、現実の過程では政策的インパクトだけではなく、いろいろな主体が関わりを持ち、協働するが、視野に入るのは政策のみとなり、逆に政策

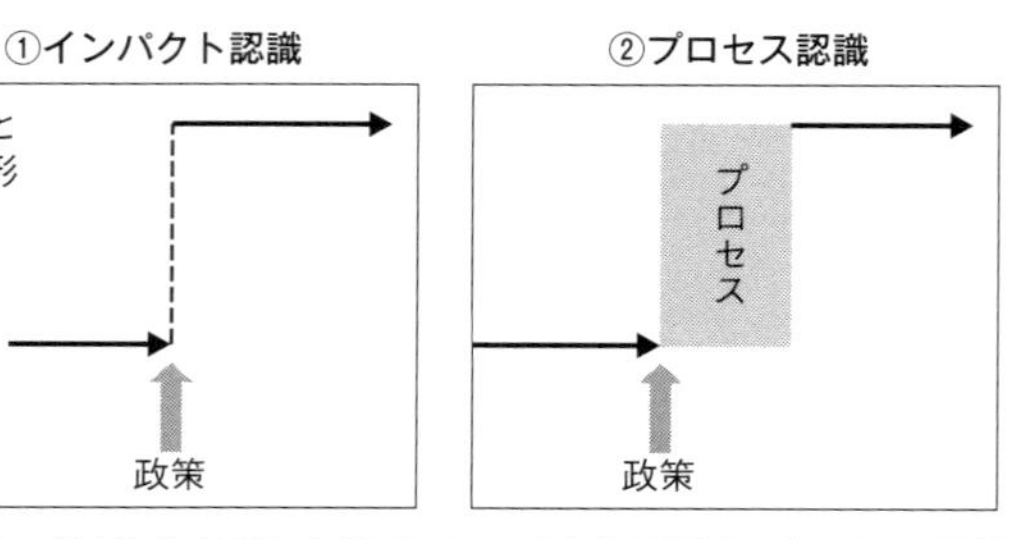

図11　地域づくりにおけるインパクト認識とプロセス認識

への依存傾向がここから生まれる。
つまり、インパクト認識は「数的成果」「短期的成果」「政策依存」という三つの傾向につながりやすい。これは、極端な状況を示しているかのように見えるが、実は政策担当者が予算取りに一生懸命になった結果、こうした過ちを犯すことは少なくない。
地域づくりをめぐり、このことは政策サイドでも徐々に認識されている。たとえば、次の文章は、国のまち・ひと・しごと創生本部が地方創生の具体的取り組みを示した「まち・ひと・しごと創生基本方針」（２０１５年版）で示されたものである。農山村を中心にした「小さな拠点」に関わり記されている。

市町村のサポートや、ファシリテーターなど外部専門人材や地域人材、公民館等を活用し、地域住民が主体となって、今後の地域の在り方について学び考えていくワークショップの実施を推進する。その際、地域の現状や展望を整理する「地域点検カルテ」の作成を推進するとともに、「地域デザイン」の策定・実行まで長期間を要し得ることを踏まえて支援する。

ここでは、取り組みを行うために「長期間」要することが前提とされ、そのためにワークショップが行われるべきことまで論じられている。しばしば、「成果を急ぎすぎている」と批判されることが多い地方創生のなかでも、このようなプロセス認識を強調する「基本方針」が定められていることは注目される。

②地域サポート人への支援

地域おこし協力隊や集落支援員にとって、地域外部から地域を支援する人材（地域サポート人）は、今や農山村には欠かせない存在であろう。

その必要性が、農山村の現場で「補助金から補助人へ」というスローガンで唱えられていたのは、2000年代である。それは、補助金を通じたカネやモノによる支援よりも、「人による支援」こそが重要だという主張である。

今から振り返れば、そこには、次のような背景がある。第一は、農山村にあった既存の人による支援システムの相継ぐ撤退、脆弱化である。農協の営農指導員や農業改良普及センターの指導員は、単に農業技術にとどまらず、様々な情報を提供する機能を持っていたが、この時期に急速に縮減された。そして、決定的なのは、市町村合併を引き金とする行政職員の「現場歩き」の後退である。今では、市町村職員が集落などをお世話する「地域担当制」が各地で議論・実践されているが、それにあえて取り組まなくてはならないほど、職員が現場に顔を出す機会が減っている。

第二には、「補助人」導入を妨げている行政上の「原則」である。我が国では、行財政改革が言われ始めた頃から、国・地方を問わず、人件費を伴う新たな財政支出が原則的に抑制されてきた。それは、そのような支援が恒常化しやすいからだと言われている。つまり、この「原則」からすれば、「補助金から補助人へ」の転換には行政上の大きな壁が立ちはだかっている。急速に整備された集落支援員（2008年）や地域おこし協力隊（2009年）は、「地域サポート人（補助人）」を自治体が委嘱することに対して、地方交付税（特別地方交付税）により国からの支援を行う仕組みである。

つまり、農山村集落の実態からの要請に応え、大きな壁（財政原則）を崩すものであり、それは画期的なものと言えよう。

このうち、集落支援員は地元の地域精通者が中心であるが、地域おこし協力隊は、都市圏からの住民票の移動が条件とされているために、多くが都市部の若者である。これらの制度ではないが、ＮＰＯなどに属し、活動する若者もいる。いろいろなタイプの「地域サポート人」が、集落や地域産業の再生のために、各地で活動している。それは、従来の行政上の制約を乗り越える取り組みが、ある時期から急テンポで始まったと言えよう。

「解題」として、本書の内容を論じる前に、これらのことを指摘したのは、本書のモチーフが近年の政策上の重要トピックスと重なるからである。しかし、それだけでなく、むしろ、この両者の重要性を行政や研究者に届けたのが、実は池谷集落の実践者であり著者・多田氏に他ならない。解題者の知る範囲でも、この両者の動きは、総務省、国土交通省、そして農林水産省の各所で強く意識されていたように思われる。また、本文にも出てくるが、地元の新潟県や十日町市でも同様であろう。つまり、自らの実践により、政策の変化の契機をつくり、さらにそれを加速化するという役割を演じているのである。その点で、本書には、先に論じた①プロセス重視政策、②地域サポート人材への支援政策を動かした現実そのものが描かれている。その点を、まず敬意を持って指摘しておきたい。

以下では、その意味をさらに具体的に見ていこう。

2 池谷集落――「奇跡の集落」の段階的プロセス

本文でも述べられているように、舞台となる池谷集落は、「『限界集落』を脱した『奇跡の集落』」と呼ばれている。そのため、この集落の挑戦は、メディアでも何度も報道されている。

そうした存在に対して、しばしば、その事例の特殊性が指摘されている。特に、よく見られるのは「あの集落にはあの人がいたからできた」というメイン・プレーヤー還元論である。確かに、第1部を通読すると、多彩な人や団体が池谷集落に関わり、多田氏をはじめとして、インタビューやコラムで登場する地元の山本氏、ジェンの木山氏など、それぞれが重要な役割を果たしている。彼らの存在は池谷集落の動きに不可欠なものだったであろう。

しかし、逆にこれほどのプレーヤーが登場すると、それを導く、いわば「仕組み」があるのではないかと思われる（しばしば「偶然の積み重ねは必然である」と言われる）。プロセス認識とは、単にその過程を長期間にわたって意識するということだけではなく、変化を個人の活躍に還元せず、そのような「仕組み」の存在や形成を意識する発想であろう。

そのように考えると、池谷集落の再生の「仕組み」は、そのプロセスが2段階であったことのように思われる。第1段階は、ジェンを中心にボランティアなどの外部サポーターが地域に寄り添った段階である。これにより震災という大きなインパクトに対するあきらめが変化していった。ボランティアの活躍が、地域の人々の意識を「若い人たちがたくさん来てくれて、気持ちが若返った」というように、着実に動かしたからである。とはいうものの、そのスピードは劇的なものではなく、あたかも薄皮をはぐようなものであった。

ただし、その段階の境目には、「集落を残そう」「むらを絶やさない」という、住民が共通の目標をつくり出す瞬間があった。その場面は第1部の34頁に活写されており、それは、魂を持つ言葉、つまり「言霊（ことだま）」として集落を誘導しているごとくである。集落再生には、このような目標を共有化する決定的な瞬間があり、それは新しい段階の入口となる。

こうした共通する目標を決断して以降の第2段階では、ＮＰＯ法人化、インターンシップの開始、ＮＰＯ法人の農業参入と矢継ぎ早に取り組みが始まる。試行錯誤はあるものの、第1段階とは様変わりして、そのスピードは速い。そして、あたかも、その決断自体が、集落の魅力や誇りとなり、それが外部の若者を惹きつけている点も注目される。最初から意識されたものではないが、そのことにより集落人口は増え、高齢化率も急速に低下している。明らかにこの段階では好循環のプロセスに入っている。「奇跡の集落」と呼ばれ始めたのはこの頃である。

実は、このような2段階の変化は、第1部にも記されているように「足し算と掛け算のプロセス」として新潟県中越地域では、しばしば論じられている（稲垣文彦他『震災復興が語る農山村再生』コモンズ、２０１４年）。改めて見れば、前者は、復興支援の取り組みのなかで、特にコツコツとした積み重ねを重視するものであり、それはあたかも足し算のような作業であるとされている。具体的には、たとえば、高齢者の愚痴、悩み、小さな希望をていねいに聞き、「それでもこの地域で頑張りたい」という思いを掘り起こすようなプロセスを指している。予想されるように、ここには華々しい成果もスピード感のある展開もない。池谷集落を含む中越地方における実践経験からは、被災後の数ヵ月から数年はこのタイプの支援が必要だったと言われている。

他方で後者の「掛け算のプロセス」は、具体的な事業導入を伴うもので、「生産される」「売れる」という形で短期間に形になるものである。言うまでもなく取り組みのすべてが成功するわけではないが、あたかも掛け算の繰り返しのように、大きく飛躍する可能性がある。

そうした2段階のプロセスの峻別は重要な意味を持つ。それは、次のような比喩で語られている。「負の領域で『掛け算』をしてはいけない。算数が教えるとおり、符号が負のときに『掛け算』をすれば、負の数が拡大するだけだ」。これは、復興支援とは、まずは被災した人々に対して、寄り添うような支援が重要であり、それをせずに、地域の有力者だけの意見を聞き、いきなり事業を仕掛けてしまうとむしろ地域は混乱し、衰退がより加速されてしまう可能性があることを教訓化した言葉である。

このようなプロセス認識、そしてそれによる段階認識は、第2部では多田氏により、さらに精緻化されている。具体的には、①関係者同士が仲良くなる、②小さな取り組みを行う、③取り組みの輪を広げる、④活動の組織化、⑤持続可能な取り組みへと成長、という5段階を設定し、①、②、③を「足し算」、④、⑤を「掛け算」としている。池谷集落の実践経験による、さらにリアルなプロセス論であろう。また、それだけではなく、行政とのコミュニケーションを取る諸段階なども論じられており、プロセスを重視する姿勢は貫かれている。

こうした発想を、「地域づくりのプロセスデザイン」と呼びたい。プロセスデザインとは、システム開発などのプロジェクトのマネージメントにおいて、「プロジェクトごとに固有のプロセスを設計する」「『プロセスの品質』が重要だ」などと、工業や情報分野でプロセスを重視する手法である（たとえば芝本秀穂『プロセスデザインアプローチ』日経BP社、2017年)。このような手法の導入は、多田氏が移住前にはコンサルティング会社で働いていたことと無関係ではないかもしれない。そして、池谷集落は確かにこのように段階で動いた現実があり、それが多田氏により見事に定式化されていると言える。

3 多田氏――地域サポート人と集落再生の好循環

先にも触れた池谷集落の復興ボランティア活動に参加していた一人が著者の多田氏である。多田氏は、先の言葉で言えば、集落再生の目標を共有化した集落の取り組みを見て、「よほど集落に本気度がある」と衝撃的に感じ、移住を本気に考えている。まさに、「足し算の段階」から「掛け算の段階」への集落の飛躍のなかで、その変化自体に魅力に感じて、引き寄せられるように、池谷集落に移住したのである。

その際は、「地域おこし協力隊」という制度が、その決断を支える機能を果たしていることにも注目したい。「この制度を活用すれば子ども連れでもすぐに移住できるかもしれないと思いました」と書かれているように、この制度の人件費支出という側面が、池谷集落と多田氏のマッチングをスムーズにしたと言えよう。

そして、移住後、地域おこし協力隊として、池谷集落を含む飛渡地区(合計14集落)の地域づくりサポートを担当した。池谷集落では、集落再生ビジョンづくりに関わり、その流れでビジネス・コンペへの応募(6次産業化がテーマ)や集落メンバーとその関係者によるNPOづくりのために奔走した。

こうして再生が始まった集落では、その後、設立されたＮＰＯを中心に、米の直売事業や加工品づくり（おかゆ、干し芋）、体験型イベントの実施、また若いインターンの受け入れやそのための後継者住宅の建設・運営などに取り組んでいる。さらに２０１４年からはＮＰＯが生産主体となり、稲作も開始している。多田氏はそのＮＰＯ法人の事務局長として諸活動を支えている。

このように、多田氏の移住は、震災の被災から立ち上がった地域や人々の姿が呼び込んだものだ。困難ななかでも前向きな集落が氏にとってはとても魅力的だったのであろう。同時に、言うまでもなく多田氏の移住が集落を変えつつあるという逆の効果も確実に見られる。つまり、〔池谷集落再生の始動→多田氏移住→池谷集落再生の進化→多田氏の定着〕という循環がある。

解題者はこれを「地域づくりと田園回帰の好循環」と表現しているが、その好事例をここに見ることができる。地域サポート人のすべてではないが、その一部はこのような文脈にその役割を位置づけることが可能であり、地域づくりにおける地域おこし協力隊などの地域サポート人の重要な意義を再確認することができよう。そして、改めて、先にも見たように従来の「壁」を突破して構築された「地域サポート人」への財政的支援の重要性をここから説明できる。

以上を経験した立場からまとめられたのが、第２部第３章（「移住者や地域おこし協力隊員をうまく受け入れるために」）である。それは、上記の「好循環」が強く意識されている点で秀逸のものといえよう。たとえば、「（協力隊と）一緒に考えながら行動する」という提起では、「池谷集落でもふつうに考えたら廃村になっていてもおかしくない集落が、われわれ移住者と元々集落に住んでいる人が一緒になって将来像を描き、そこにどう向かうか考えながら、一歩一歩進んできた結果、今があるのです。移住者と地域の人が一緒に考えながら行動すれば、ふつうでは考えられないことも実現できる可能性は十分にあると思います」としており、この好循環を意識した提言である。

4 農山村再生から都市農村共生へ

以上のように、農山村再生を「プロセスデザイン」を意識しながら、「地域づくりと田園回帰の好循環」を中心に本書は論じている。それは、池谷集落と多田氏のリアルな実態から導き出されているだけに、実に説得力がある。

しかし、多田氏の活動はさらに進化している。氏は、池谷集落での経験を他の地域にも広げる活動に乗り出している。以前より、総務省の地域力創造アドバイザーという専門家人材として、他の地域でのコンサルテーション活動をしていたのであるが、２０１６年には、「ビジネスモデル・デザイナー®」の認証を受け、地域づくりの本格的なサポート活動を始めている。そこでは、都市の生活や仕事、農山村の資源や集落で暮らし、この両者の認識と経験を持つ者として、独自のポジションを得ている。そして、その活動は、特定地域の支援を超えて、都市と農山村を結び、両者の共生社会形成の契機を主導する可能性がある。

解題者はこのような、都市と農村をつなぐ移住者を「ソーシャル・イノベーター」と規定している。以前から、地域づくりの中に見られる地域の仕組みを革新し、新しい取り組みに向かうプロセスは「ソーシャル・イノベーション」と言われており、その担い手がソーシャル・イノベーターである。

多田氏の新しい活動は、都市と農山村の両者を知り、両者の関係をソーシャル・イノベーターとして、実践を通じて変革する可能性に富んでいる。第2部第4章（「時代の転換点で今後何を目指すべきか?」）ではまさにその思いが語られている。

これは、農山村再生という目標から、より高いレベルの都市農村共生構築への挑戦である。多田氏のこうした実践に導かれ、政策的にも、そして研究的にも新たな目標設定が求められているのではないだろうか。そうであれば、本書はその幕開けを宣言する革新の書に他ならない。

あとがき

最後まで読んでいただき、ありがとうございました。『奇跡の集落』などという大それたタイトルの本書ではありますが、実は一連の取り組みのプロセスをていねいに見ていくと、けっして「奇跡」というわけではなく、どこでも応用ができる、再現性のある取り組みの積み重ねであると私は考えています。たまたまうまくいった集落があったというので終わらせるのではなく、活動の中身を深く掘り下げることで、他の地域でも応用していただき、全国各地の地方創生の取り組みを本質的なものにしていくための一助になれば著者としてうれしく思います。

また、本文でも少し書きましたが、こうして本を出してはいますが、今なお現在進行形でいろんな問題にもぶち当たりながら一歩一歩前に進んでいるという状況です。私個人のフェイスブックで日々の活動とどういう学びがあったのかなどを日記として更新していますので、ご興味のある方は現在進行形の取り組みはそちらでご覧いただければと思います。

普段は池谷・入山集落での取り組みをしつつ、本気で自分たちの地域を良くしていきたいという方々の応援という形で、地域でのワークショップの支援や研修会・勉強会の開催なども行っています。また、都会に住んでいる方で地方に出かけて行って、地域おこしや田舎暮らしに興味をもった方の移住相談なども行っています。将来的には全国各地で地方創生の取り組みを頑張っている人たちのネットワークをつくり、直接つながって同志として活動ができればと考えています。

お気軽にご連絡いただければと思います。(ＮＰＯ法人地域おこし　E-mail : chiikiokoshi@gmail.com)

本書を書くことができたのは、何よりもＮＰＯ法人地域おこしの山本浩史代表や池谷集落に住む方々をはじめとして、震災復興のボランティアに来てくださった方など、池谷・入山集落の取り組みに関わってきたすべての方のおかげです。紙面の都合上、お名前をご紹介できなかった方も数多くいらっしゃいますが、これまで関わっていただいた一人ひとりの方々のおかげで今の池谷・入山集落があると思っています。ここでお礼をさせていただきます。

また、解題を書いていただいた小田切徳美先生をはじめ、コラムを執筆いただいた皆様も本当にありがとうございました。いろんな形で池谷集落に関わった皆様からそれぞれの視点で書いていただいた内容が本書に深みを与えてくれたと思います。皆様方のコラムにより、「都会から農村に移り住む人の視点」「新住民だけでなく、旧住民の底力が重要だという視点」「災害と地域サポート人による地域づくりの関連とこれが全国各地でもありうるという視点」「震災を逆手にとって立ち上がり、大きく飛躍した他の集落からの視点」「他の地域でうまく活動し、定住した地域おこし協力隊卒業生の視点」がリアルに盛り込まれました。そして、小田切先生の解題により、農山村再生では「①プロセス重視の視点」と「②外部人材と地域の関係性」が重要であるということが、体系的にまた地方創生の国の政策などともからめて明確化されました。そして農山村再生から都市農村共生へという観点からも見えるように、農山村再生の取り組みは地方だけの問題ではなく、都市部とも密接に関係しているというご指摘は、まさに私が日頃考えて、活動していることを補強するとてもありがたいメッセージであると思います。本当に感謝いたします。『ぼくらは地方で幸せを見つける』（ポプラ新書）で私を取り上げてくださった『ソトコト』編集長の指出一正さんにはオビに過分なお言葉をいただき、ありがとうございました。

出版にあたっては農文協の『季刊地域』に記事を書いたご縁で、その記事の担当だった蜂屋さんから本書編集の阿部さんをご紹介いただきました。阿部さんには紙面の限りがあるなか、コラム執筆者の追加や図表など、こだわりの部分についてなんとか盛り込んでいただきました。

最後に、最初はまったく田舎暮らしに興味はなかったにも関わらず、渋々ながらもなんとか一緒に来てくれて、今に至るまでいろいろ苦労をかけてきている妻に、普段は面と向かって言えませんので、改めてこの場で「ありがとう」と言わせてもらいます。

なお、この本の印税は全額ＮＰＯ法人地域おこしに入るようにし、将来的に循環型の都市農村共生社会を創っていくための活動資金として役立てていきたいと思います。

２０１８年10月

多田朋孔

著者略歴

多田朋孔（ただ・ともよし）

第44代京都大学応援団長。経営コンサルティング会社、組織開発コーディネーターを経て、2010年より総務省の地域おこし協力隊として池谷集落に家族で移住。池谷集落の取り組み以外に、地域活動を促進するワークショップ、地域おこし協力隊のサポート、都会から田舎への移住支援や田舎での起業・新規事業立ち上げの支援を行う。Forbes JAPAN「ローカル・イノベーター55選」で関東甲信越地区読者投票1位に選出。地方自治法施行70周年記念総務大臣表彰個人表彰「地方自治の功労者（民間人）」

NPO法人 地域おこし

中越地震をきっかけに、2005年に山本浩史を代表として池谷・入山集落関係者を中心にボランティアの受け入れ団体として結成。当初の名称は「十日町市地域おこし実行委員会」。2012年にNPO法人化。2017年に「NPO法人 地域おこし」に名称変更。
平成23（2011）年度　地域づくり総務大臣表彰
平成24（2012）年度　あしたのまち・くらしづくり活動賞「内閣官房長官賞」

奇跡の集落
廃村寸前「限界集落」からの再生

2018年11月10日　第1刷発行
2020年 2 月28日　第3刷発行

著　者　多田朋孔
　　　　NPO法人 地域おこし

発行所　一般社団法人　農山漁村文化協会
〒107-8668　東京都港区赤坂7－6－1
電話　03(3585)1142(営業)　03(3585)1144(編集)
FAX　03(3585)3668　　振替　00120-3-144478
URL　http://www.ruralnet.or.jp/

ISBN 978-4-540-18116-0
〈検印廃止〉

DTP制作／㈱農文協プロダクション
印刷／㈱光陽メディア
製本／根本製本㈱

定価はカバーに表示
乱丁・落丁本はお取り替えいたします。

農文協の図書案内

田園回帰1%戦略
地元に人と仕事を取り戻す（シリーズ田園回帰①）
藤山浩著
A5判236頁　2200円+税

総力取材 人口減少に立ち向かう市町村
（シリーズ田園回帰②）
『季刊地域』編集部編
A5判248頁　2200円+税

むらの困りごと解決隊
実践に学ぶ地域運営組織
農文協編
A5判204頁　2000円+税

脱・限界集落はスイスに学べ
住民生活を支えるインフラと自治
川村匡由著
四六判200頁　2300円+税

人口減少に悩む地域のバイブルとして話題の書。人口安定化のためにはU・Iターンによって地域人口の1%分の定住を増やせばよいとし、そのために地域内循環の強化によって新たな仕事を生み出す方策を示す。

地域の活力を維持している市町村はどこがちがうのか。自治体の施策のみならず、集落・自治体・公民館の活動の実態まで分け入って現場を取材。足元からのビジョンと戦略づくりと、住民自治組織のあり方を描く。

人口減、高齢化、後継者不足、耕作放棄、保育園や学校の統廃合、ゴミの不法投棄、空き家問題などさまざまな地域の「困りごと」への取り組みから自主自立の「地域運営組織」に発展した全国の事例と識者による解説。

スイスの農山村は条件不利地でもなぜ元気に存続しているのか。その礎となる住民自治のあり方と、暮らしや農業・観光などの産業を支える交通、医療・福祉、防災などのインフラを、社会保障の専門家が解き明かす。

（価格は改定になることがあります）